'핸드메이드 하루' 만의 노하우가 담긴 홈패션 DIY

한 벌로 입히는
내 아이의 옷 만들기 F/W

주수민 지음

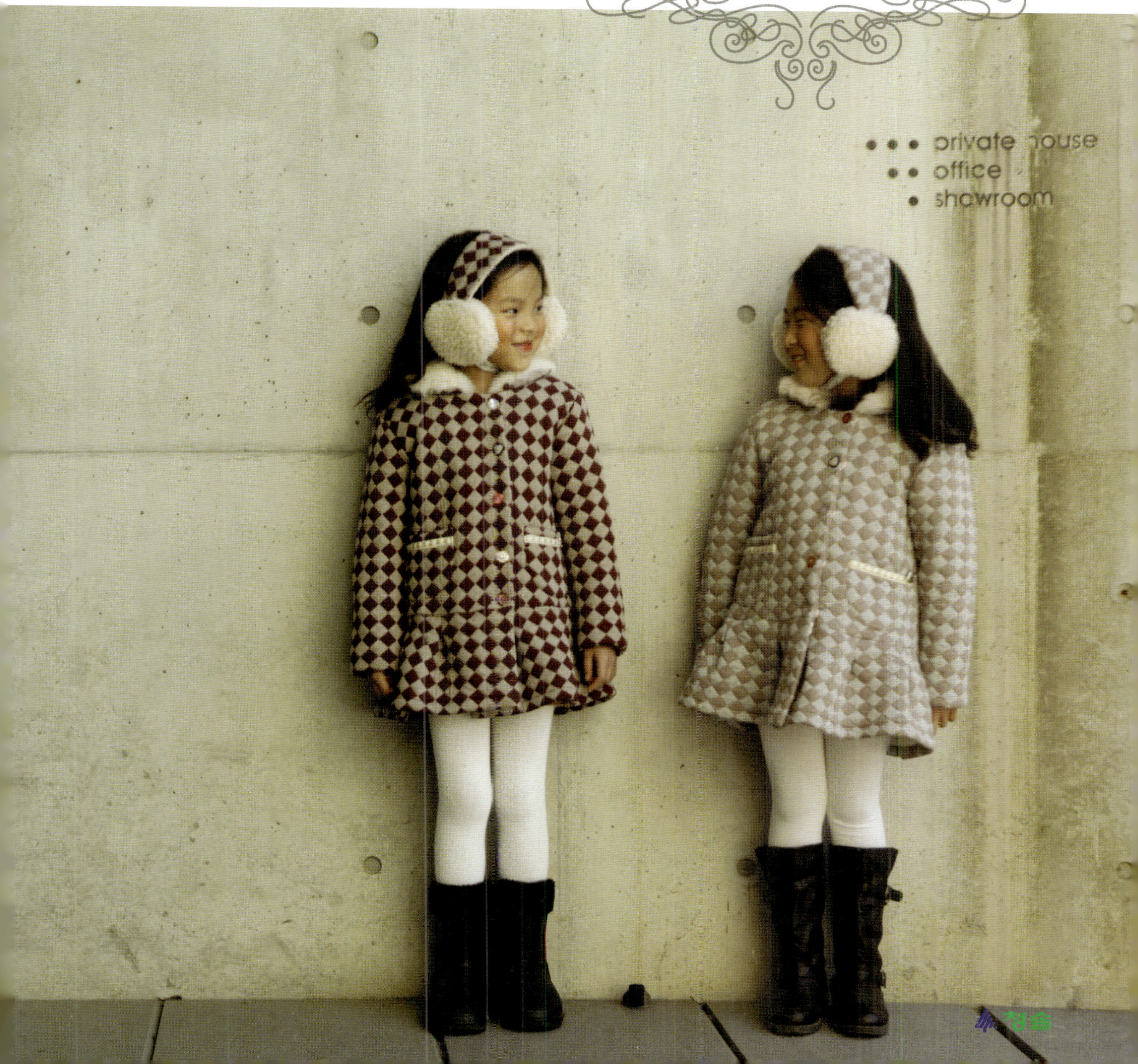

••• private house
••• office
•• showroom

■ 일러두기

1. 이 책에서 사용된 용어는 기존 의상 용어와 한글 맞춤법 규정에 의거하여 지정한 것으로, 실제 사용하는 용어와 차이가 있을 수 있습니다.
2. 이 책의 재료 및 도구명은 제조사마다 다른 상품명은 가급적 피하고 구매할 때 혼돈이 없으며, 한글 맞춤법 규정에 의거한 재료 및 도구명으로 지정하였습니다.
3. 이 책에 게재된 내용 및 교육 과정은 작가의 교육 노하우와 출판사의 장기간 기획 아래 만들어진 것입니다. 허가받지 않고 행해지는 유사한 내용의 출판 및 교육 사업 등은 저작권법 및 민·형사법으로 책임을 질 수 있습니다.
4. 이 책에 게재된 작품과 실물본은 개인 작업용으로만 사용할 수 있습니다.

한 벌로 입히는
내 아이의 옷 만들기 F/W

초판인쇄일 2015년 2월 1일 초판 1쇄
초판발행일 2015년 2월 5일 초판 1쇄

저자 주수민
사진 진용현(마음사진공방) | shslee33
펴낸이 이성훈
펴낸곳 (주)도서출판 청솔
주　소 경기도 파주시 출판문화정보산업단지 광인사길 111
등　록 1988년 5월 30일 제312-2003-000047호
전　화 031-955-0351~4
팩　스 031-955-0355

ISBN 978-89-7223-353-4 13630

*책값은 표지 뒷면에 있습니다.
*파손된 책은 바꿔 드립니다.

'핸드메이드 하루'만의 독특한 노하우가 담긴 홈패션 DIY

한 벌로 입히는
내 아이의 옷 만들기

책을 펴내며

어릴 적이나 지금도 만들기와 그리기는 항상 저를 설레이게 만듭니다.
다섯 살 때 언니가 문방구에서 사온 종이인형을 저에게 주었는데
저는 오리는 게 너무 좋아서 방안 한가득 종이인형을 오려 놓았습니다.
아마도 그것이 제 옷 만들기의 시작이었던 거 같네요.
엄마의 재봉들 옆에 떨어져 있는 원단 조각들을 모으고
엄마의 잡지 속 핸드메이드 코너는 몰래 찢어 두었다가
인형도 만들고 가방도 만들던 그 시절을 기억하면
지금도 가슴이 콩닥콩닥 뜁니다.

학교에서 시각디자인을 공부하고 회사에 입사해
캐릭터 디자인과 플래시 애니메이션 작업을 재미있게 일했습니다.
물론 그때도 원단과의 오브제 작업은 멈추지 않았습니다.
회사를 다니며 조금씩 준비한 작품으로
핸드메이드 작가들의 모임인 홍대 앞 프리마켓에 참여하게 되었고
그곳에서 2003년 '하루' 가 시작되었습니다.
생각한 것을 만들어 내놓고 사람들의 반응을 바로바로 느낄 때~, 정말 행복했습니다.
옷 만들기는 아이가 태어나면서부터 아이의 옷을 직접 만들어 입히면서 시작되었습니다.
2009년, 아이를 키우며 저의 작품활동도 함께 하기 좋은 곳을 찾아
헤이리로 오게 되었습니다.

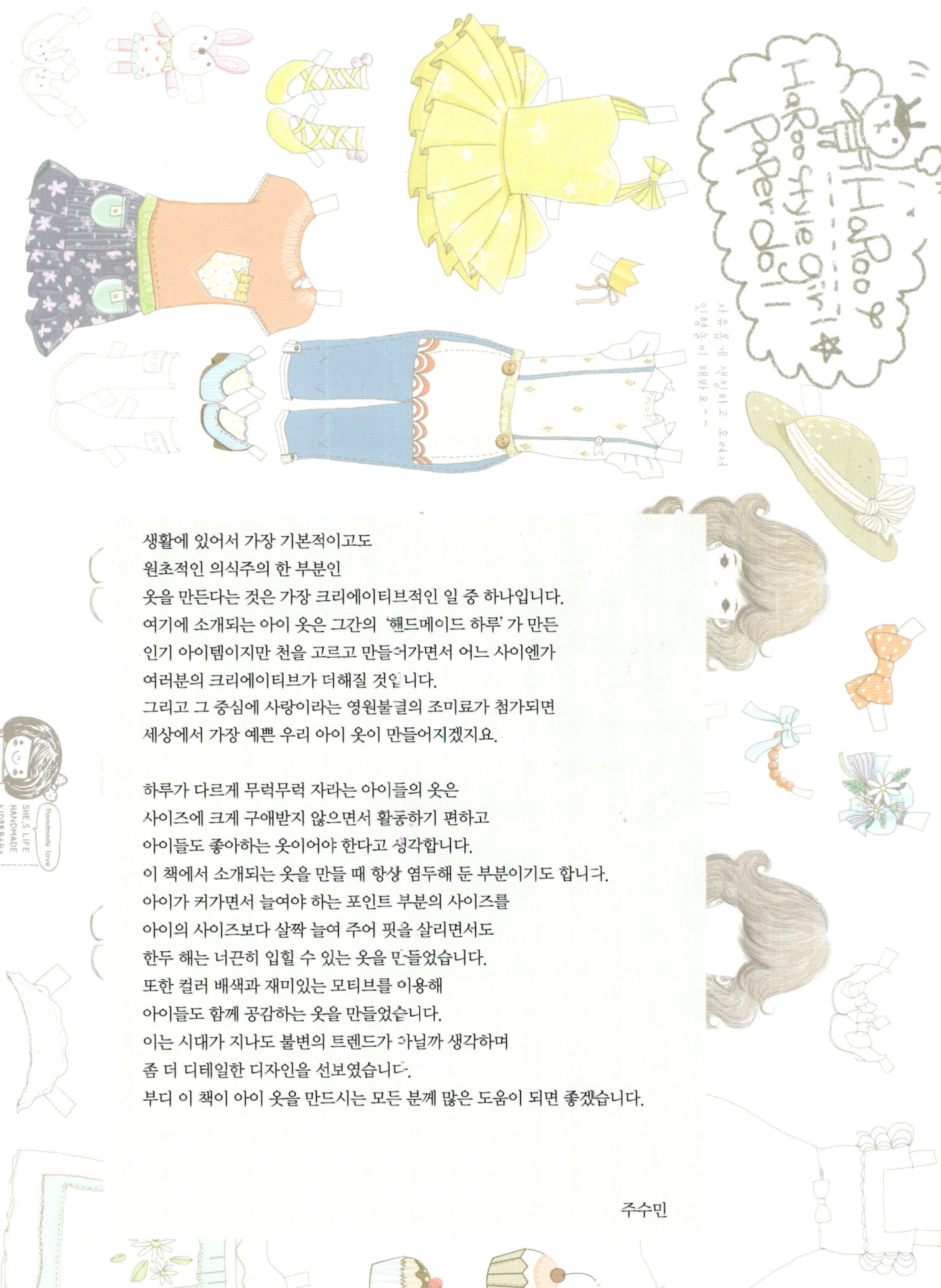

생활에 있어서 가장 기본적이고도
원초적인 의식주의 한 부분인
옷을 만든다는 것은 가장 크리에이티브적인 일 중 하나입니다.
여기에 소개되는 아이 옷은 그간의 '핸드메이드 하루'가 만든
인기 아이템이지만 천을 고르고 만들어가면서 어느 사이엔가
여러분의 크리에이티브가 더해질 것입니다.
그리고 그 중심에 사랑이라는 영원불결의 조미료가 첨가되면
세상에서 가장 예쁜 우리 아이 옷이 만들어지겠지요.

하루가 다르게 무럭무럭 자라는 아이들의 옷은
사이즈에 크게 구애받지 않으면서 활동하기 편하고
아이들도 좋아하는 옷이어야 한다고 생각합니다.
이 책에서 소개되는 옷을 만들 때 항상 염두해 둔 부분이기도 합니다.
아이가 커가면서 늘여야 하는 포인트 부분의 사이즈를
아이의 사이즈보다 살짝 늘여 주어 핏을 살리면서도
한두 해는 너끈히 입힐 수 있는 옷을 만들었습니다.
또한 컬러 배색과 재미있는 모티브를 이용해
아이들도 함께 공감하는 옷을 만들었습니다.
이는 시대가 지나도 불변의 트렌드가 아닐까 생각하며
좀 더 디테일한 디자인을 선보였습니다.
부디 이 책이 아이 옷을 만드시는 모든 분께 많은 도움이 되면 좋겠습니다.

주수민

CONTENTS

F/W　　**THEORY** 옷 만들기의 기본 지식 | 23　　**PRACTICE** 도전! 내 아이의 옷 만들기 | 39

no 1. 폼폼 배색 레깅스 | 40
no 2. 플라워 셋업 | 44
no 3. 그래픽 라운드 업 티 | 50
no 4. 포코포코 니트 모자 | 56
no 5. 토이 니트 베스트 | 60
no 6. 레이스 업 스커트 팬츠 | 68
no 7. 하트 루즈핏 스웨터 | 74

no 8. 도토리 팬츠 | 80
no 9. 도토리 장갑 | 86
no 10. 도토리 무스탕 백 | 90

CONTENTS

F/W

- **no 11.** 리버시블 팬츠 | 96
- **no 12.** 리버시블 베스트 | 104
- **no 13.** 항공모자 | 112
- **no 14.** 퍼프 프릴 블라우스 | 116
- **no 15.** 이야기 점프 원피스 | 122
- **no 16.** 덴디 니트 자켓 | 128
- **no 17.** 덴디 니트 팬츠 | 136

- **no 18.** 모직 패치 원피스 | 142
- **no 19.** 모직 후드 케이프 | 150
- **no 20.** 프릴 퀼팅 코트 | 158

no 1. 폼폼 배색 레깅스
no 3. 그래픽 라운드 업 티셔츠
no 4. 포코포코 니트 모자
no 5. 토이 니트 베스트
* 사자 크로스 백은 'S/S편' 에 개제됩니다.

no 2. 플라워 셋업
no 3. 그래픽 라운드 업 티셔츠
* 리버시블 레더 베스트는 'S/Sr편' 에 개제됩니다.

no 6. 레이스 업 스커트 팬츠, no 7. 하트 루즈핏 스웨터

no 3. 그래픽 라운드 업 티셔츠, no 11. 리버시블 팬츠, no 12. 리버시블 베스트, no 13. 항공모자

no 8. 도토리 팬츠, no 9. 도토리 장갑, no 10. 도토리 무스탕 백

no 14. 퍼프 프릴 블라우스
no 15. 이야기 점프 원피스
no 19. 모직 후드 케이프

no 16. 덴디 니트 자켓, no 17. 덴디 니트 팬츠

no 18. 모직 패치 원피스

no 20. 프릴 퀼팅 코트

THEORY
옷만들기의 기본지식

옷 만들기에 필요한 도구

공업용 오버록 바늘 　　　 공업용 미싱 바늘 　　　 가정용 미싱 바늘

재봉 바늘(미싱 바늘)
원단의 두께에 따라 사용하는 바늘 호수가 다릅니다.
11호 – 40수 이하 원단(얇은 원단 : 아사면, 티셔츠 원단 등) | 14호 – 30수, 20수(중간 두께의 원단 : 퀼트 원단 등) |
16호 – 15수, 10수(두꺼운 원단 : 캠버스 원단, 두꺼운 코트 바느질)

재봉사
기본적으로 가장 많이 쓰는 면 소재 재봉실입니다.

코야사
일반 재봉사보다 광택과 강도가 높고 가격도 비쌉니다.

실고무
신축성 있는 주름을 잡을 때(스모그 원피스, 손목, 발목, 목둘레 주름) 주로 쓰입니다.

줄자
원단의 마수를 재거나 신체 치수를 잴 때 주로 사용합니다.

부직포 패턴 종이
잘 비쳐서 패턴 옮기기 편하고 구김이 없고 찢어지지 않아 보관하기에 좋습니다.

곡자(ㄱ자)
패턴 만들 때 사용합니다.

암홀자
진동둘레 패턴뜰 때 사용합니다.

문진(추)
원단누름용으로 사용합니다. 패턴 뜰 때와 재단할 때 편리합니다.

재단 가위
원단용 가위입니다. 떨어뜨리거나 종이나 다른 것을 자르면 무뎌집니다.

쪽가위
바늘땀을 뜯거나 실끊기에 사용합니다.

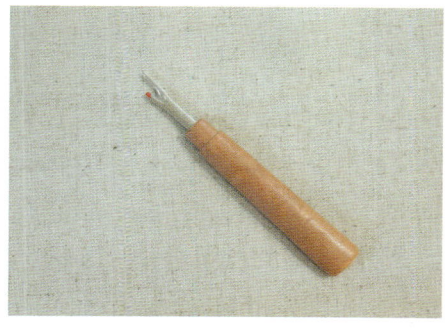

실뜯기
바늘땀을 뜯거나 단춧구멍 내는 데 사용합니다.

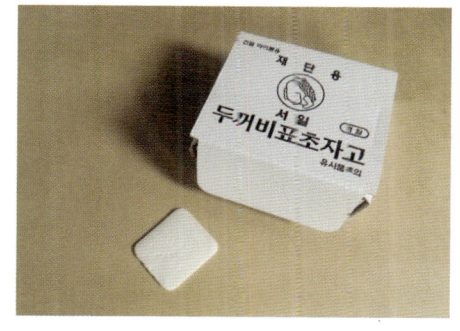

초크
초크는 다림질 후에 초성분이 녹아 사라지는 원리라서 사용하기에 편리합니다.

수성펜
시간이 지나면 사라지는 기화성 타입과 물에 지워지는 수용성 타입이 있습니다.

핀
바느질할 때 고정시키는 역할을 합니다.

송곳
주름 잡을 때와 원단 밀 때, 다림질을 이용해서 주머니 만들 때 사용합니다.

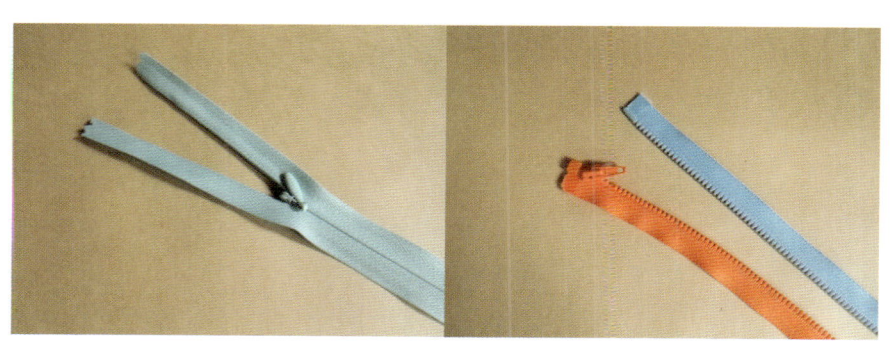

지퍼
일반지퍼와 콘실지퍼(숨은지퍼), 오픈지퍼가 있는데, 콘실지퍼(좌)는 지퍼를 올렸을 때 지퍼 부분이 보이지 않아 원피스나 스커트, 쿠션 등에 사용되고, 오픈지퍼(우)는 지퍼를 내렸을 때 완전 분리되어 점퍼에 주로 사용됩니다.

접착심지

패브릭용 접착심지(좌) : 늘어나지 않는 심지를 사용합니다.
니트용 접착심지(우) : 신축성 있는 심지를 사용합니다.

고무줄

허리 부분이나 소매, 바지 끝단 등에 쓰입니다.

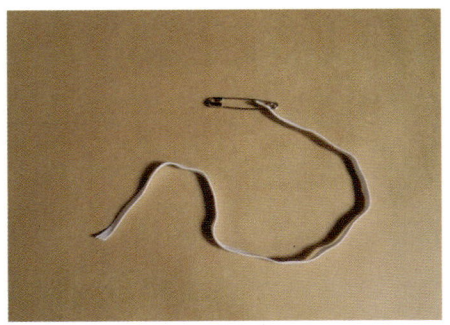

옷핀

고무줄끼우개 역할을 합니다. 고무줄끼우개보다 빠르고 안전합니다.

고무줄끼우개

고무줄 끼울 때 사용합니다. 가끔 빠질 수 있으니 조심조심 끼워야 합니다.

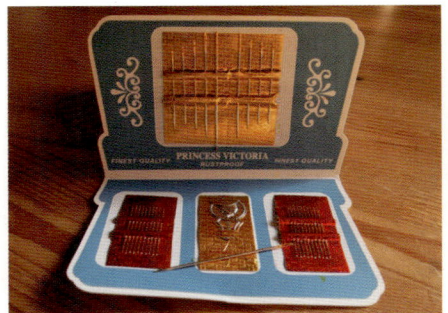

손바늘

손바느질할 때 사용합니다(단추 달기, 수놓기, 시침질하기).

단추

옷의 여밈 부분에 사용되고, 장식용으로 사용될 때는 작품의 완성도와 디자인의 질을 높여 주는 역할을 합니다.

가시도트

유아용 여밈 부분에 주로 사용되며 소품 등에도 사용됩니다.

스냅 단추

여밈 부분에 단추를 보이지 않고 깔끔하게 처리하는 데 사용됩니다.

단춧고리 테입

여밈 부분에 단춧구멍 대신 사용합니다.

바이어스
시접을 마무리할 때 목둘레 처리, 장식용으로도 널리 사용됩니다.

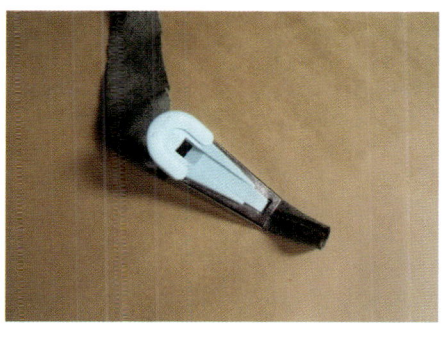

바이어스메이커
바이어스 원단의 양쪽 시접을 동일하고 빠르게 접어 주는 도구입니다.

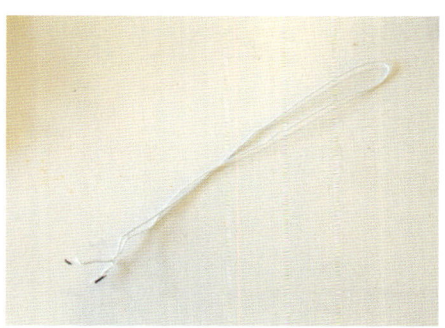

세탁소용 옷걸이
리본이나 끈과 같이 길고 가는 원통형을 뒤집을 때 용이합니다.

공업용 미싱
일자 박기만 가능합니다. 공업용 미싱은 테이블과 붙어 있으며, 박음질 속도가 빠르고 두꺼운 원단도 손쉽게 박을 수 있습니다.

가정용 미싱
일자 박기, 지그재그, 단춧구멍 스티치 등 여러 가지 작업을 한 번에 할 수 있으며, 휴대할 수 있는 것도 있습니다.

공업용 오버록
속도가 빠르고 소음이 적습니다. 본체가 테이블에 붙어 있어 흔들림이 없이 안정적인 작업을 할 수 있습니다. 가정용 오버록도 있습니다.

공업용 스팀 다리미
보통 세탁소에서 많이 쓰이는 다리미입니다. 고온의 스팀과 다리미의 무게로 빠르게 다려집니다. 스팀으로 주름을 잡을 수도 있습니다. 천정에 달아놓아야 할 물통과 호스로 자리를 많이 차지하고 설치가 복잡하다는 단점도 있습니다.

> **미싱 구입에 대한 작가의 생각**
> 많은 양의 작업을 빠르게 진행하기엔 공업용 미싱이 좋습니다. 하지만 오버록 미싱이 따로 필요하고 단춧구멍 자수나 모양 자수를 위해서는 가정용 미싱이나 자수용 미싱이 따로 또 필요하기도 합니다. 결국 공업용 미싱 하나로는 옷 만들기에 불편함이 많습니다. 공업용 미싱으로 작업을 원하시는 분은 기본 가정용 미싱과 오버록이 필요합니다.
> 만약 초보자로서 취미를 위해 미싱을 구입하시는 분이라면 가정용 미싱을 추천합니다. 하지만 가정용 미싱의 오버록 기능은 지그재그 스티치입니다. 깔끔하게 재단되며 오버록 되는 효과는 기대하기 어렵습니다.

주로 사용할 원단

기본 사이즈 : 이 책에 소개된 옷의 사이즈는 100, 110, 120, 130, 140을 기본으로 합니다.

평직면
퀼트 원단으로 쓰이고 아사면 커튼이나 쿠션 이불, 에이프런 등을 만들 때도 쓰입니다.

면스판
평직면에 스판이 들어가 잘 늘어나는 원단으로, 스판 청바지, 아동용·임부용 바지 등을 만들 때 쓰입니다.

기모면
평직면에 기모 가공을 하여 보온성을 높인 원단입니다.

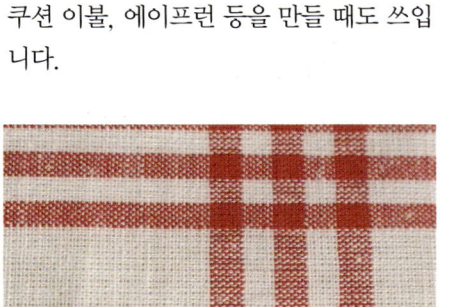

린넨
우리나라에서 린넨이라고 나오는 원단들은 대부분 면과 마의 혼방을 말합니다. 평직면과 같이 커튼, 쿠션, 이불 등에 사용할 수 있는 린넨도 많습니다.

후라이스, 싱글 등(편성물 중 기본 티셔츠 원단으로 많이 쓰이는 원단)
보통의 티셔츠나 내복 만들 때 쓰이는 원단을 말합니다.

쭈리면
편성물의 한 종류로서 주로 트레이닝복을 만들 때 쓰입니다(뒷면이 고리 모양처럼 보글거립니다).

시보리
편성물의 한 종류로서 주로 아랫단, 소매, 바짓단, 허릿단 등 신축성을 주는 마무리에 쓰입니다.

스웨터(니트) 원단
편성물의 한 종류로서, 뜨개질한 것 같은 원단입니다. 주로 스웨터, 목도리, 모자 등에 쓰입니다.

누빔(퀼팅) 원단
직물과 직물 사이에 솜이나 양모, 우레탄 폼 등을 펴 놓고 박음질한 소재를 말합니다.

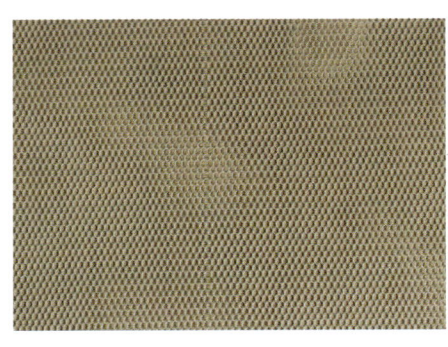

망사

샤 원단이라고도 합니다. 요즘 많이 입는 여아용 망사 치마에 많이 쓰이며 드레스나 발레복으로도 많이 쓰입니다. 폴리나 나일론을 소재로 많이 만들고 펄을 접착하거나 자수가 들어간 원단도 많이 있습니다.

10수, 20수, 30수는 원단의 실 굵기를 나타내는 것입니다. 보통 청바지 원단 10수, 커튼이나 쿠션 원단 20수, 퀼트 원단 30수, 아사면 40수와 60수로 제작됩니다.

패턴 옮겨 그리기

이 책에 들어 있는 실물본은 시접을 포함하고 있습니다. 잘 비치고 구김이 적은 부직포 패턴지를 실물본 위에 올려 놓고 그대로 본떠서 쓰시면 됩니다.

재단하기

패턴을 원단 위에 놓고 문진(추)으로 고정한 후, 가위의 아래쪽 날을 바닥과 수직으로 대고 자릅니다.

기본 재봉 방법

재봉의 시작과 끝

박음질의 시작과 끝은 쉽지만 순서와 방법을 잘 지키지 않으면 재봉틀 고장의 원인이 되기도 하고, 작업 속도에도 큰 영향을 줍니다.

1 윗실과 밑실을 모아 노루발 아래로 빼서 오른쪽으로 밀어 둡니다.

2 노루발을 들어 올리고 박음질할 원단을 노루발 아래에 놓습니다.

3 오른쪽 레버를 몸 안쪽 방향으로 돌려 바느질할 정확한 위치에 꽂습니다.

4 원단을 박을 때 무리하게 원단을 당기거나 밀면 바늘이 휘거나 부러져서 침판에 손상이 가고 재봉틀 고장의 원인이 되니 주의해야 합니다.

5 재봉 마지막에 되박음질합니다(두 땀 정도 왕복합니다).

  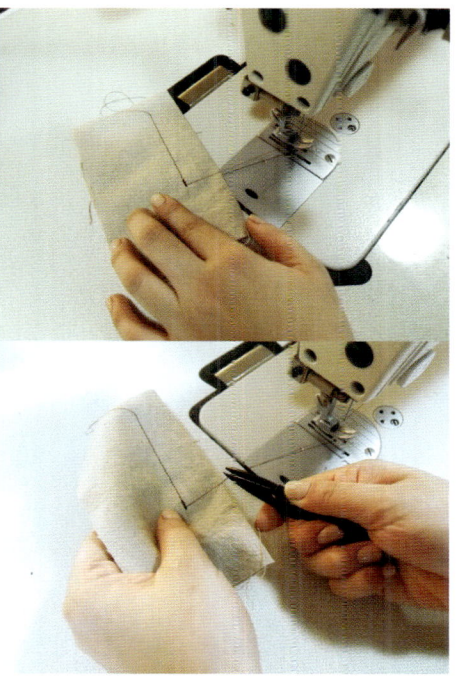

6 재봉이 끝나면 오른쪽 레버를 몸 안쪽과 바깥쪽을 한 번씩 반복하여 돌리면서 재봉한 원단을 빼내어 쪽가위로 실을 자릅니다. 최근 재봉틀이나 공업용 재봉틀의 경우, '자동실끊기' 기능이 포함된 제품도 있습니다. 재봉이 끝나면 처음과 같이 밑실과 윗실을 노루발 아래로 빼서 오른쪽으로 밀어 둡니다.

곡선 박기
보통의 곡선 박기
직선과 마찬가지로 시접 1cm로 박습니다.

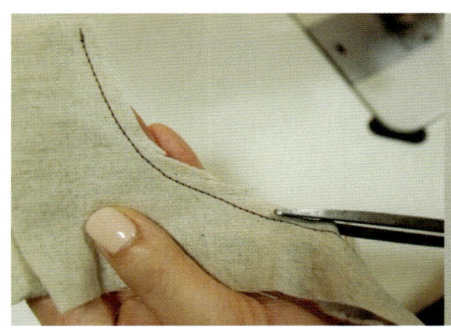 

목둘레 곡선 박기
시접 1cm로 박은 후 시접을 0.5cm 남기고 잘라냅니다(가위집을 사선으로 넣습니다).

각진 박기
각진 부분 끝을 잘 맞추어 박습니다. 각진 부분에서 바느질 방향을 바꿀 때 노루발을 들고 원단을 돌려 다시 바느질합니다.

눌러 박기
시접 처리 후 시접이 뜨지 않게 한 번 더 박음질하는 방법입니다.

1 원단을 겉으로 놓고 간격 없이 박는 방법입니다.

2 원단을 안쪽으로 놓고 완성선과 노루발 한 개 사이즈만큼의 간격을 두고 박는 방법입니다.

시보리 부분 박기
끝단이나 목 부분 시보리 처리할 때는 본판 원단보다 80~70% 작게 재단합니다. 박음질할 때는 시보리를 본판과 맞게 당기면서 박음질합니다.

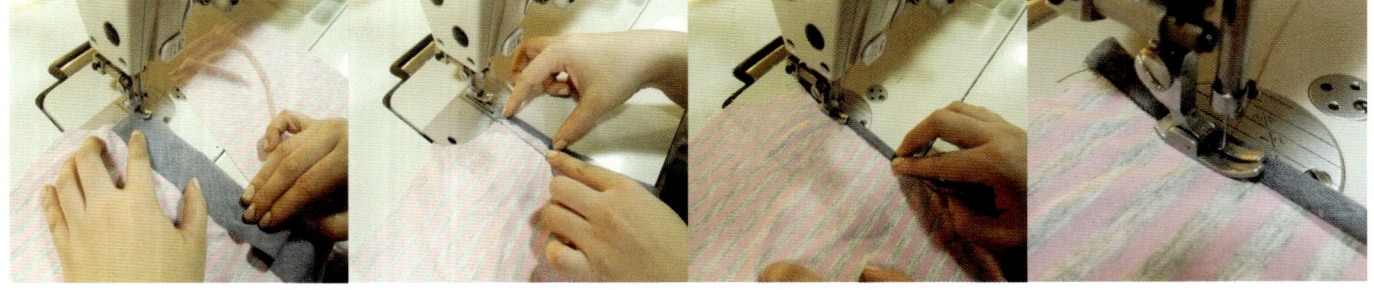

바이어스 박기
바이어스 박을 본판 안쪽 면과 바이어스 겉면을 맞대어 노루발 하나 사이즈(0.5cm) 만큼의 시접으로 박음질합니다. 바이어스를 겉으로 0.5.cm 접어 시접을 감싸면서 간격 없이 박음질(상침)합니다.

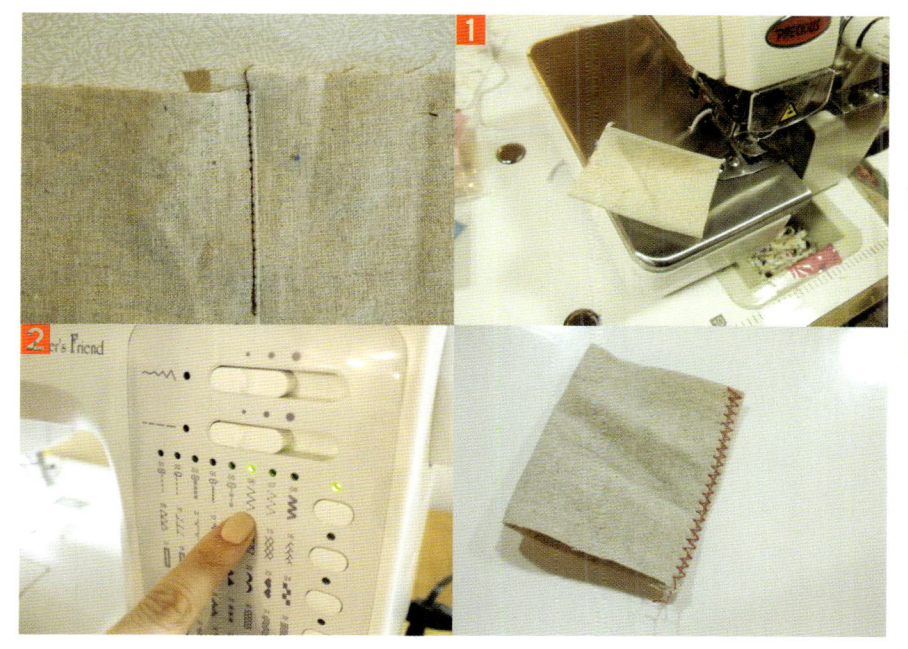

시접 처리(오버록 치기)

간격 없이 박음질한 후 뒤판의 시접 부분을 마감하는 방법입니다.

1 오버록 박음질 : 오버록 미싱으로 박음질 하는 것을 말합니다.

2 지그재그 박음질 : 가정용 미싱에 수기능에서 '지그재그 박음질' 기능으로 하는 박음질을 말합니다.

쌈솔

원단을 겉끼리 맞대어 박은 후 시접을 한쪽으로 꺾어 다리고, 위쪽 시접을 0.3cm로 잘라낸 후 아래쪽 자르지 않은 시접으로 자른 위쪽 시접을 감싸 박는 것을 말합니다.

쌈솔 안쪽 면 모습   쌈솔 겉면 모습   오버록이나 통솔을 했을 때의 겉면 모습(상)과 쌈솔을 했을 때의 비교 모습(하)

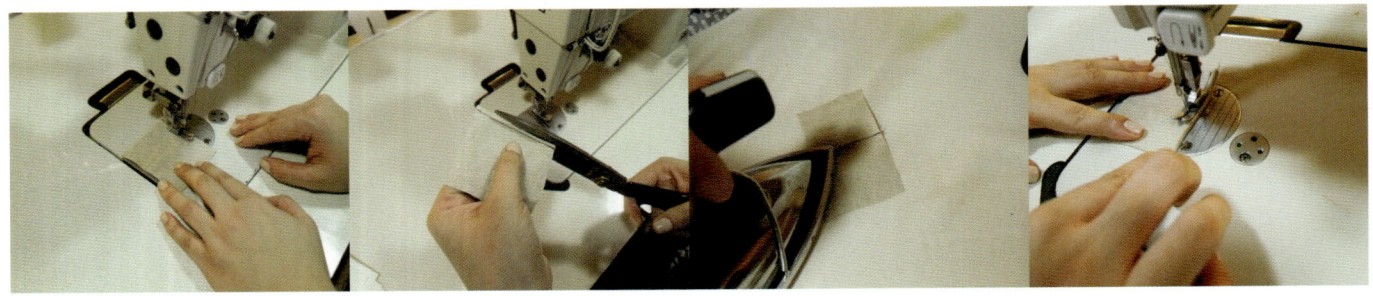

통솔
원단의 안끼리 맞대어 0.3cm 지점을 박은 후 뒤집어 다리고 0.7cm 지점을 박는 것을 말합니다.

통솔 안쪽 면 모습　　　통솔 겉면 모습　　　지그재그(혹은 오버록) 바느질로 마무리한 모습(상)과 통솔로 마무리한 모습(하)

말아 박기
두 번 접어 박기를 말합니다.

오버록 후 접어 박기
밑단이나 소매 또는 바짓단에 주로 사용합니다.

안쪽 면 모습　　　겉면 모습

단춧구멍용 노루발 끼우고 단춧구멍 기능을 이용해서 단춧구멍을 만듭니다.

단추 달기

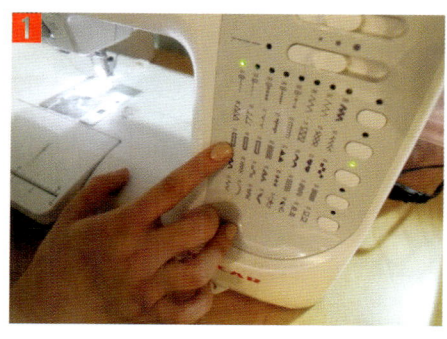

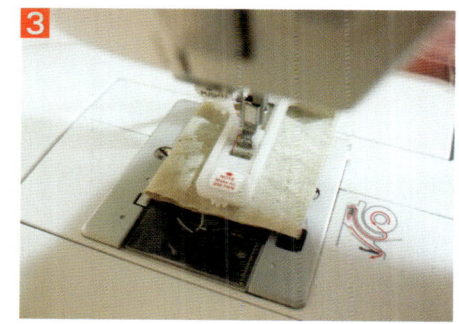

1 가정용 미싱에 포함되어 있는 단춧구멍용 노루발을 끼우고 단춧구멍 자수버튼으로 맞춥니다. 보통의 미싱에는 단춧구멍 자수가 포함되어 있습니다.

2 단춧구멍 자수를 놓을 위치를 표시합니다.

3 원단을 자수 시작점에 단춧구멍 아랫부분 시작점 위치와 맞춥니다.

4 스타트 버튼을 누릅니다.

5 단춧구멍 자수가 만들어집니다.

6 단춧구멍 자수가 완성되었습니다. 자수 안쪽을 쪽가위나 커터칼로 뚫습니다.

HaRoo Tip

단춧구멍 낼 때 원단이 얇은 경우나 니트 원단일 경우에는 뒷면에 접착심지를 대면 좋습니다.

바이어스 만들기

한 번에 많은 양의 바이어스를 연결하여 만들수 있는 방법입니다. 기본적으로 많이 사용하는 바이어스는 미리 만들어 놓고 사용하면 편리하고 바이어스를 따로 구매하지 않아도 되어 경제적입니다.

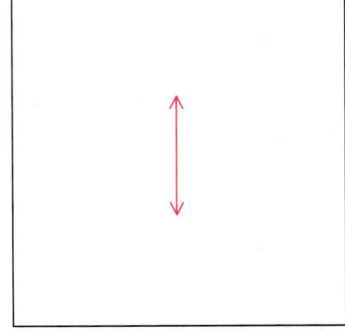 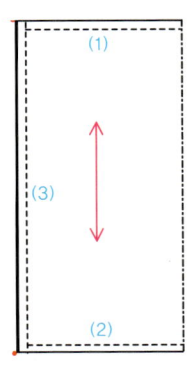 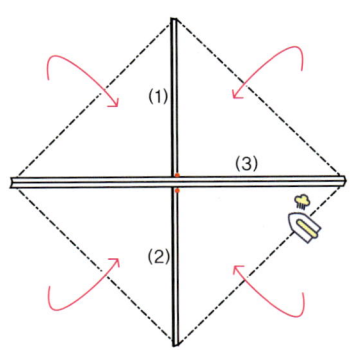 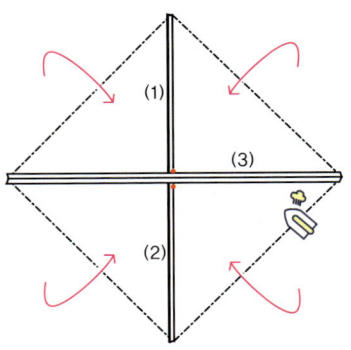

1 정사각형 원단을 식서 방향 (올이 풀리지 않는 방향)으로 놓습니다.

2 반으로 접어 트인부분을 (1) (2) (3)순서대로 그림과 같이 시접 1cm로 박습니다.

3 (1)과(2)의 ●표시를 서로 만나게 하여 (3)의 박음질한 부분을 가름솔 하여 전체를 다립니다.

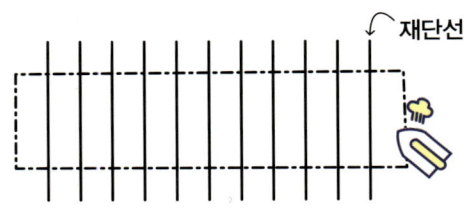

4 4등분 정도로 그림처럼 접은 후 다림질합니다.

5 필요한 바이어스 두께로 재단하여 사용합니다.

옷 만드는 데 필요한 용어

원단 소요량
작품을 만들 때 필요한 원단의 양을 말합니다.

시접
원단의 완성선 가장자리 부분을 말합니다.

맞춤점

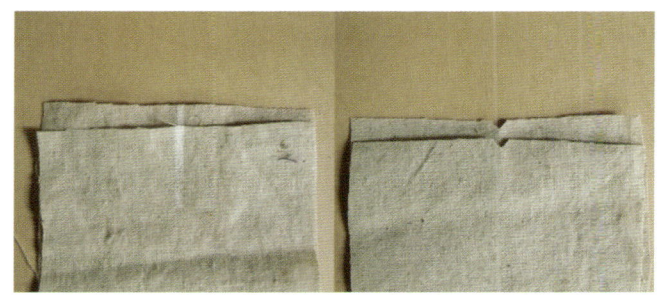

초크펜으로 표시   가위집으로 표시

창구멍
원단을 겉끼리 재봉 후 뒤집기 위해 남겨 놓은 구멍을 말합니다.

겉끼리 맞대기
원단의 겉면과 겉면을 맞대어 놓는 방법을 말합니다.

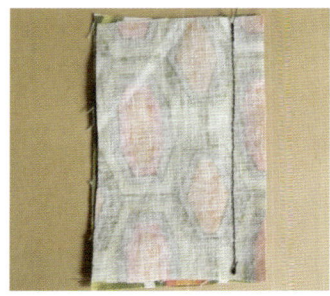

안끼리 맞대기
원단의 안쪽 면과 안쪽 면을 맞대어 놓는 방법을 말합니다.

골선
원단을 접어 놓았을 때 접은 부분의 선을 말합니다.

시접 가르기(가름솔)
시접을 양쪽으로 가르는 것을 말합니다.

시접 넘기기
시접을 한쪽으로 넘기는 것을 말합니다.

안단
겉으로 보이는 면을 깔끔하게 처리하기 위해 안쪽으로 덧대는 원단을 말합니다.

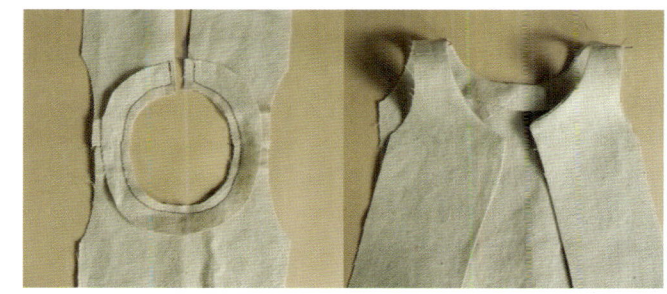

하루 공방의 단골 가게

네스홈 - 동대문종합상가 5층
인터넷 쇼핑몰로 유명한 네스홈이 동대문에도 있어요. 동대문 네스홈 사장님과의 인연이 오래되어 더 정이 가고 하루가 응원하는 매장이에요(네스홈 인터넷 쇼핑몰도 자주 이용합니다).

트윙클 동대문종합상가 6층
하루 공방에서 쓰는 핀대나 머리띠 구슬 등 악세서리류를 구입하는 단골 거래처입니다. 아이들 핀과 악세서리에 필요한 재료들을 구하기에 좋아요. 이곳 사장님께서도 정말 진국이시고 정이 많으신 분이세요.

옷의 구조와 명칭

명칭은 편의상 기재한 것으로 이후 소개되는 재료 명칭과 동일하게 적용됩니다.

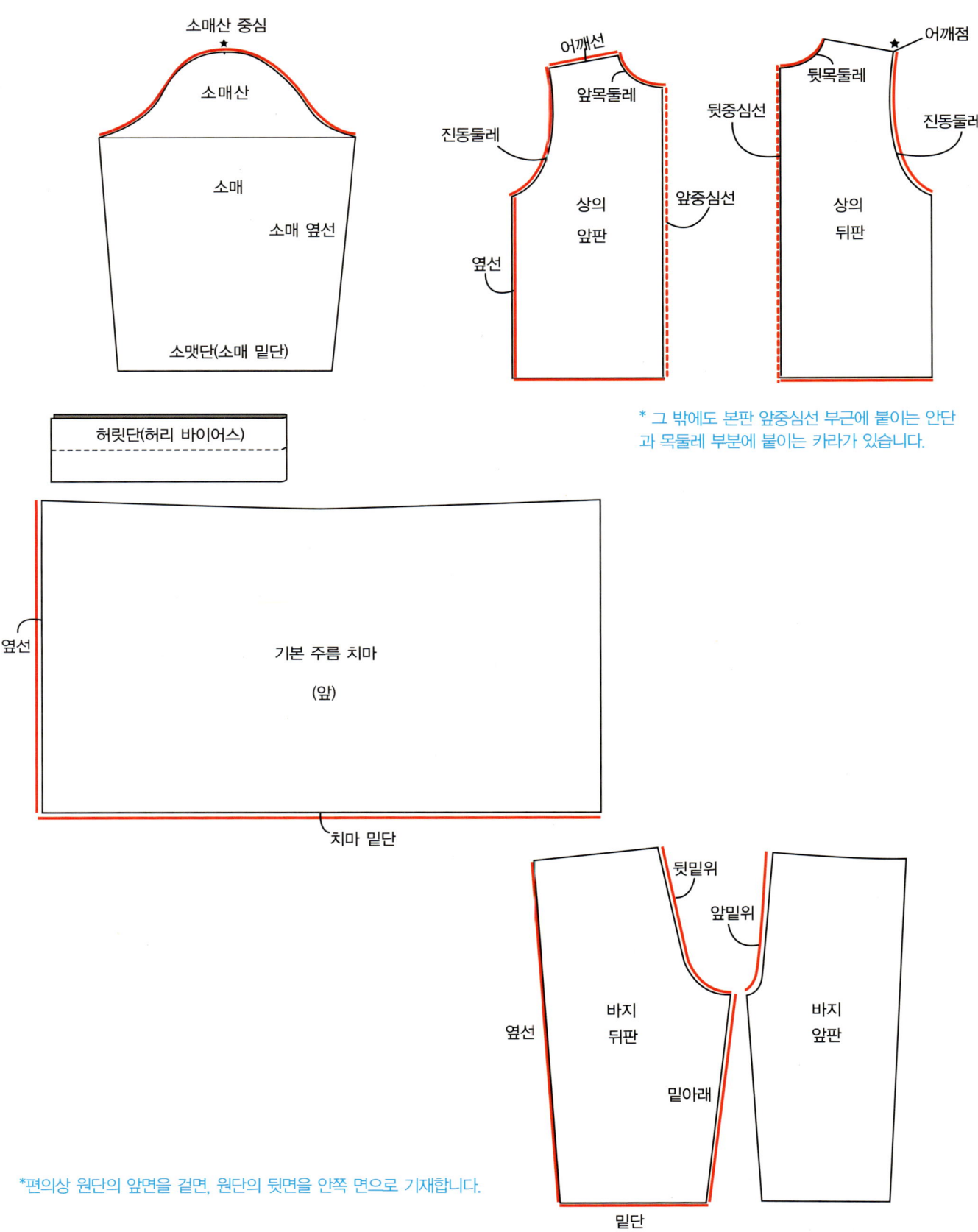

* 그 밖에도 본판 앞중심선 부근에 붙이는 안단과 목둘레 부분에 붙이는 카라가 있습니다.

*편의상 원단의 앞면을 겉면, 원단의 뒷면을 안쪽 면으로 기재합니다.

PRACTICE
도전! 내 아이 옷 만들기

F/W no 1.
폼폼 배색 레깅스

쭉쭉 잘 늘어나는 레깅스는 편안하여 뛰는 것, 구르는 것 좋아하는 우리 아이들에게 꼭 필요한 아이템이에요. 아이가 좋아하는 색깔의 폼폼을 직접 고르게 하여 함께 만드는 기쁨을 느낄 수도 있습니다.

재료 준비

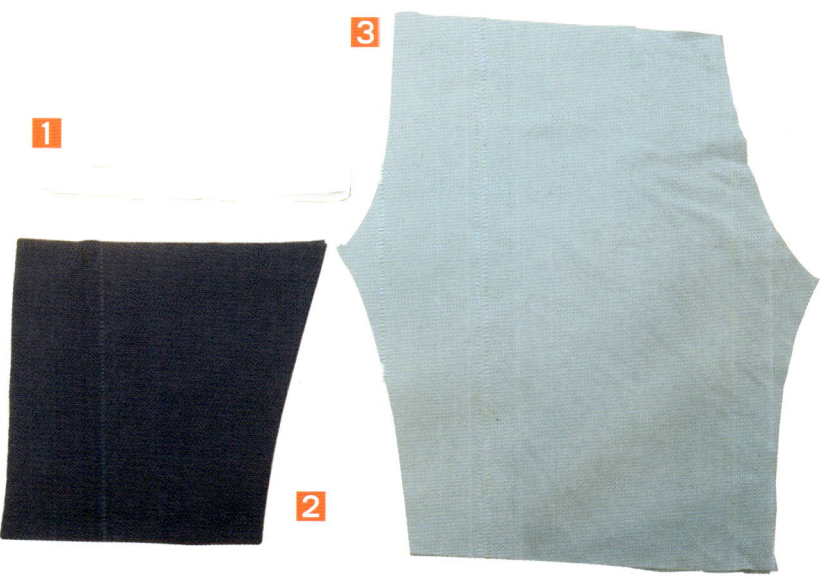

🧙	고무줄 길이
100	45cm
110	49cm
120	55cm
130	59cm
140	63cm

*신체의 개인 차가 크므로 허리둘레에 따라 가감합니다.
*고무줄의 길이는 박음질 시접 5cm를 포함한 길이입니다.
*이후 고무줄 길이는 위 표와 동일한 기준으로 정합니다.

원단 소요량 : 1/2마~1매(사이즈에 따라 차이가 있습니다)

주 원단의 종류 : 후라이스(스판사가 들어간 편성물입니다. 잘 늘어나는 원단)

1 고무줄 **2** 바지 아랫부분 대칭 2장 **3** 바지 윗부분 대칭 2장 **4** 폼폼

부분과 설명

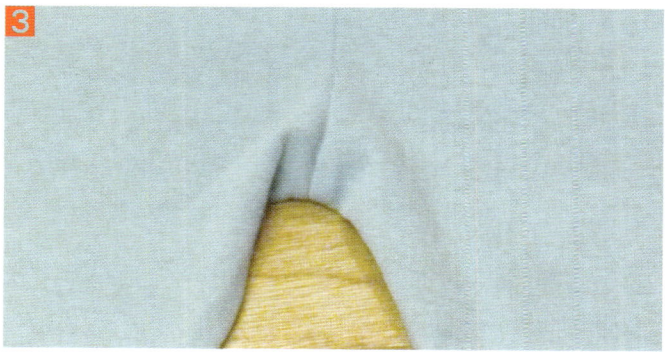

1 원단에 신축성이 충분하여 주름이 많이 잡히지 않게 하는 게 포인트입니다. **2** 귀엽고 따뜻한 느낌의 폼폼! 아이가 좋아하는 컬러로 달아 보세요. **3** 밑위와 밑아래의 중심이 잘 맞아야 예쁩니다.

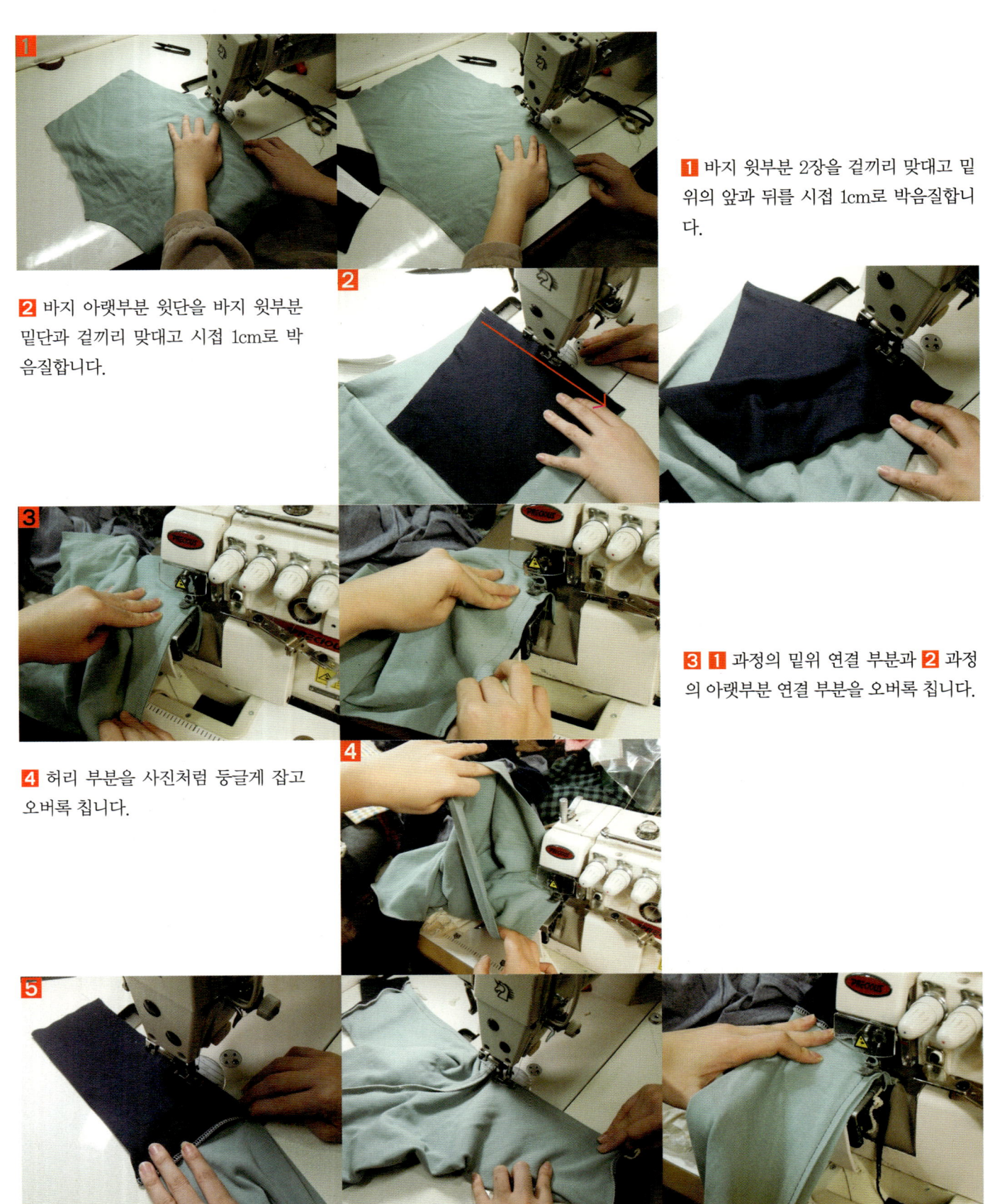

1 바지 윗부분 2장을 겉끼리 맞대고 밑위의 앞과 뒤를 시접 1cm로 박음질합니다.

2 바지 아랫부분 윗단을 바지 윗부분 밑단과 겉끼리 맞대고 시접 1cm로 박음질합니다.

3 1 과정의 밑위 연결 부분과 2 과정의 아랫부분 연결 부분을 오버록 칩니다.

4 허리 부분을 사진처럼 둥글게 잡고 오버록 칩니다.

5 밑아래(가랑이) 부분을 시접 1cm로 박음질한 후, 오버록 칩니다.

F/W no 1. 폼폼 배색 레깅스

6 고무줄을 원통으로 연결하여 박음질 합니다(우측 사진 참조).

7 허리 부분에 고무줄의 두께만큼 접어 고무줄과 함께 박음질합니다.

8 바지 밑단을 1~1.5cm로 말아 박기합니다.

9 모양이 단정하게 다림질합니다.

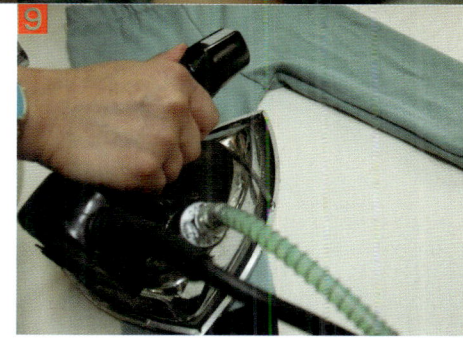

10 폼폼을 바지 아랫부분과 바지 윗부분의 연결 부분 바깥쪽에 답니다(양쪽 모두).

F/W no 2.

플라워 셋업

따뜻한 퍼 소재의 치마와 포근한 후라이스 원단의 레깅스를 동시에 입을 수 있는 셋업 스타일은 공주님을 둔 엄마들에게 단연 인기 아이템입니다.

재료 준비

원단 소요량 : 레깅스 1/2마~1마, 치마 1/2마(사이즈에 따라 차이가 있습니다)
주 원단의 종류 : 후라이스(스판사가 들어간 편성물입니다. 잘 늘어나는 원단)

1 프릴 1장, 치마 1장, 허릿단 1장, 고무줄(41p 참조) **2** 바지 대칭 2장

부분고ㆍ설명

플라워 셋업은 따뜻하게 멋부리는 기본 아이템입니다. 치마에 프릴을 달아 여성스러움을 살렸습니다. 아울러 주름 잡는 법을 익힐 수 있습니다.

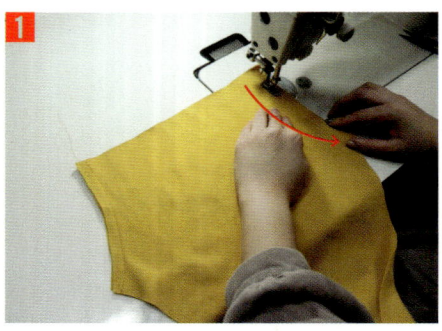

1 바지 대칭 2장을 겉끼리 맞대고 밑위의 앞과 뒤를 시접 1cm로 박음질합니다.

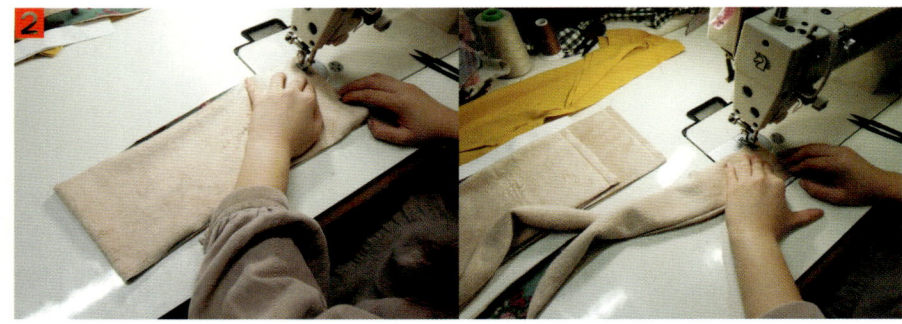

2 치마, 허릿단, 프릴을 겉끼리 맞대고 시접 1cm로 박음질합니다.

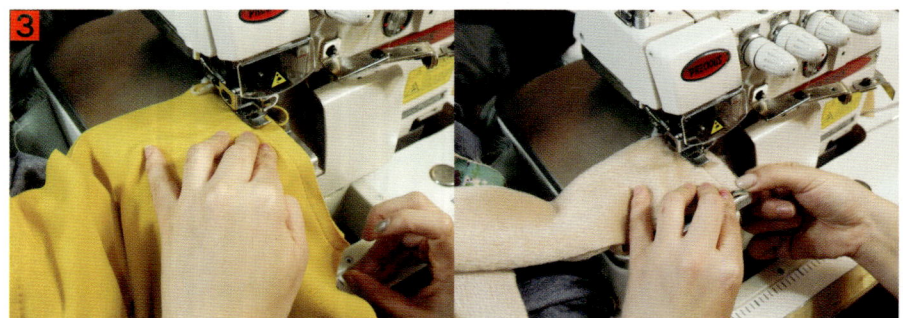

3 **1**, **2** 과정에서 박음질한 부분을 오버록 칩니다.

4 고무줄을 사진처럼 박음질합니다.

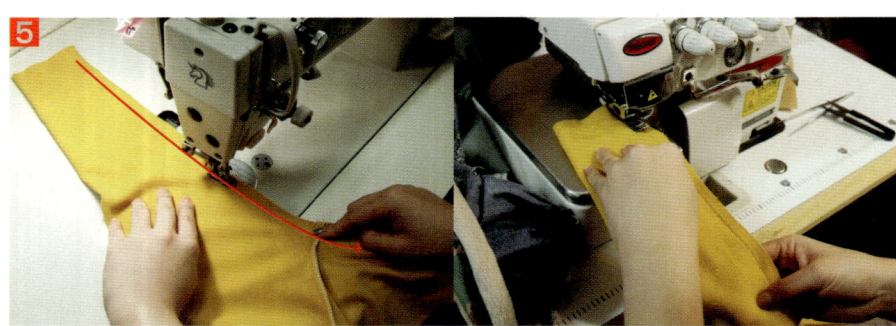

5 밑아래를 시접 1cm로 박음질한 후 오버록 칩니다.

6 프릴의 한쪽 재단 면을 오버록 칩니다.

7 오버록 친 부분을 1cm 접어 박음질합니다.

8 오버록 치지 않은 프릴의 반대쪽 재단 면을 치마둘레에 맞게 송곳을 이용하여 주름을 잡습니다.

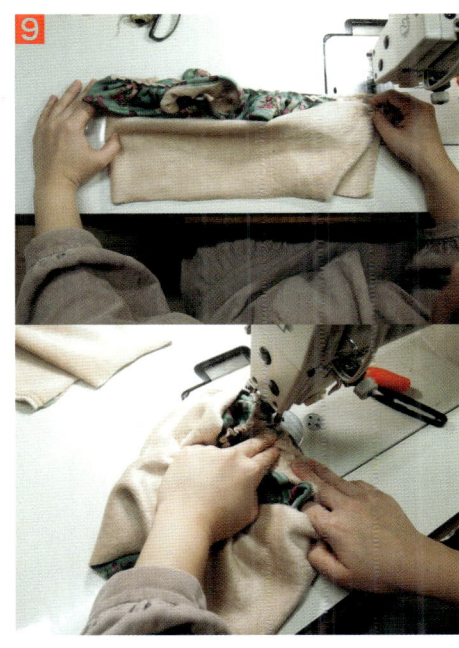

9 프릴의 겉과 치마의 겉을 맞대어 시접 1cm로 박음질합니다(아래 10, 11 과정을 참조).

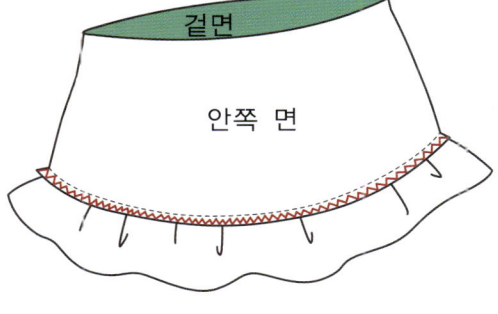

10 치마 허리 부분의 앞중심과 뒷중심, 옆중심에 가위로 맞춤점을 표시합니다(실물본 위치 참조).

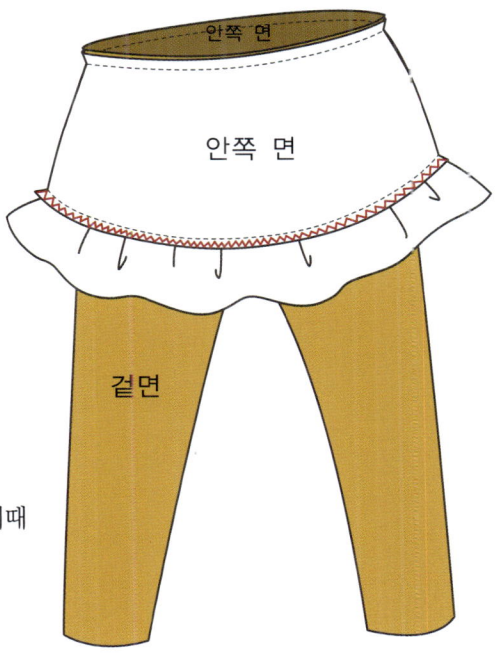

11 바지 허리 위에 치마를 끼워 넣고 둘레를 시접 1cm로 박음질합니다. 이때 치마에 표시한 맞춤점과 바지의 중심을 같게 잡아야 합니다.

12 허릿단도 10 과정처럼 맞춤점을 표시하고 겉끼리 맞대게 바지에 넣고 둘레를 맞춥니다.

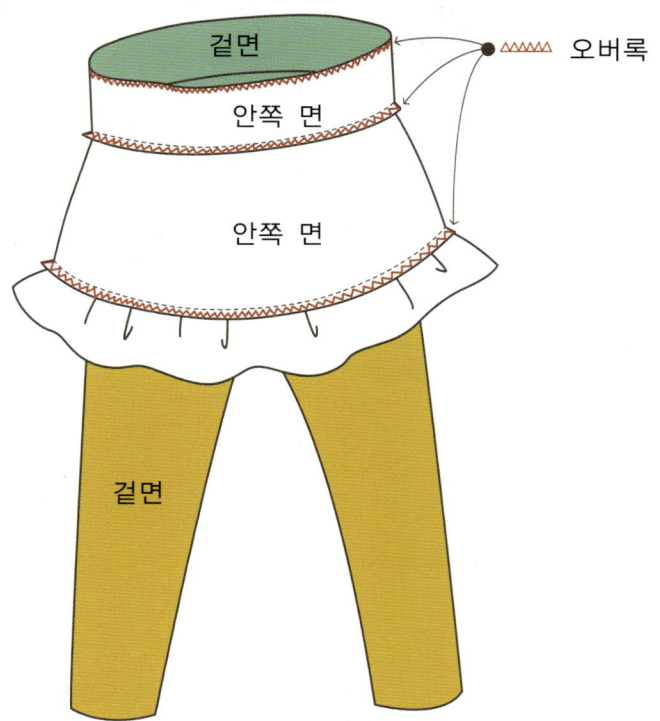

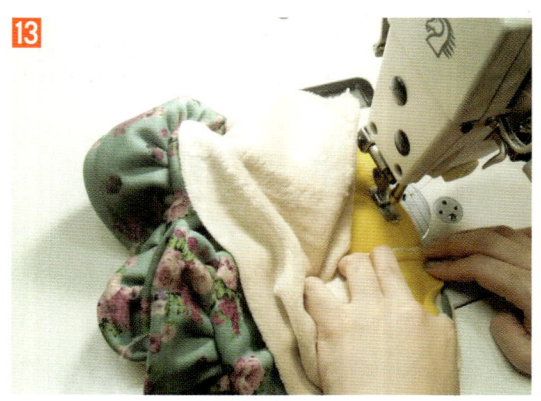

13 허릿단과 바지 허리 부분을 겉끼리 맞대고 시접 1cm로 박음질합니다.

14 프릴, 치마의 연결 부분과 허릿단 윗부분을 모두 오버록 칩니다(일러스트 참조).

15 4에서 원형으로 만들어 놓았던 고무줄을 허릿단 안에 끼워서 고무줄 크기에 맞춰 고르게 박음질합니다. 손동작을 잘 보면 노하우를 알 수 있습니다.

16 발목 둘레를 안으로 1~1.5cm 말아 박습니다.

17 전체적으로 다림질합니다.

F/W no 3.

그래픽 라운드 업 티셔츠

직접 만드는 옷에 나만의 그래픽을 넣어 개성을 표현해 보세요.
살짝 업된 목 부분은 쌀쌀한 가을 바람에도 따뜻함을 줍니다.

재료 준비

원단 소요량 : 1마~1마 1/2(사이즈에 따라 차이가 있습니다)
주 원단의 종류 : 스판 면니트 (편성물 중 싱글에 스판사가 함유되어 신축성을 높인 원단-일반 레깅스 원단으로 많이 쓰입니다)

1 상의 앞판 1장, 상의 뒤판 1장 2 소매 대칭 2장, 목둘레 1장 3 패브릭 스티커

부분과 설명

1 패브릭 스티커의 활용으로 포인트!
2 활동성을 위해 목둘레를 살짝 올라오게 한 타입입니다.

어깨 연결하기

상의 앞뒤판을 겉끼리 맞대고 어깨 양쪽을 시접 1cm로 박음질한 후, 오버록 칩니다.

소매 연결하고 옆선 박기

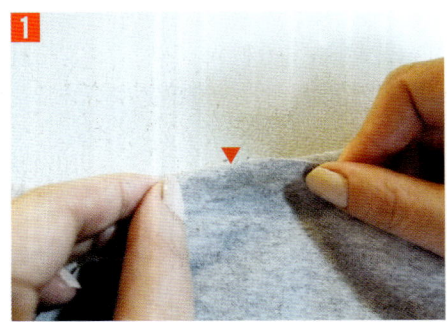

1 쪽가위로 소매산 중심에 맞춤점을 표시합니다(실물본 위치 참조).

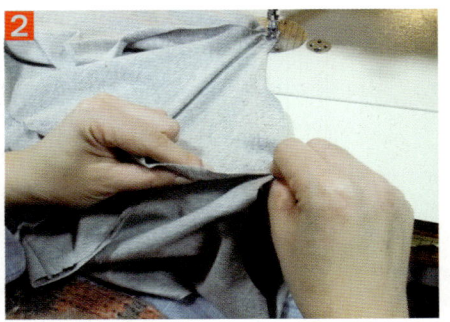

2 소매산과 상의의 진동둘레를 겉끼리 맞대고 노루발에 물립니다. 이때 소매산 중심의 맞춤점과 어깨점을 맞춰 균등한 배분이 되게 잡습니다.

3 시접 1cm로 박음질합니다.

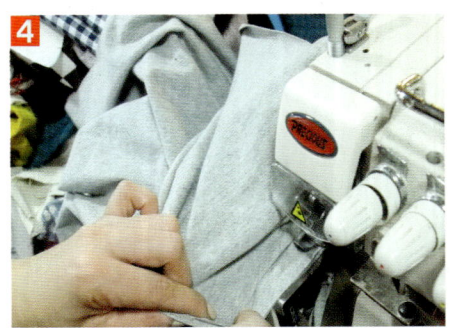

4 연결한 소매 부분을 오버록 칩니다.

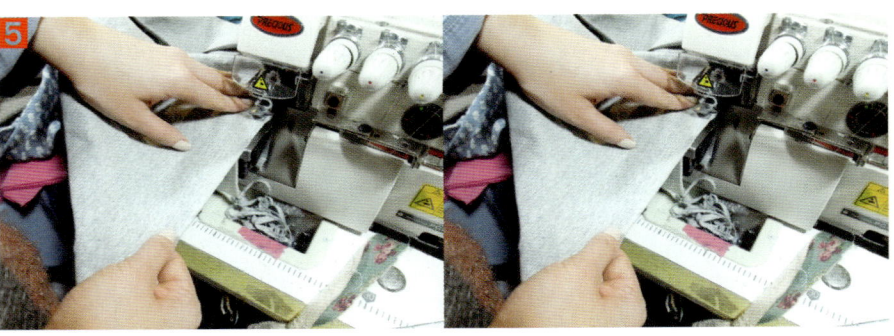

5 소매 밑단과 상의 앞뒤판 밑단에 오버록 칩니다.

F/W no 3. 그래픽 라운드 업 티셔츠

어깨와 소매의 연결 부분, 소매 밑단, 상의 밑단에 오버록 친 모습입니다.

6 상의 밑단을 1cm 접어 박기합니다.

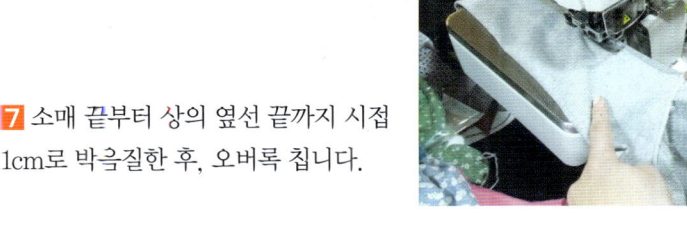

7 소매 끝부터 상의 옆선 끝까지 시접 1cm로 박음질한 후, 오버록 칩니다.

8 상의 뒤판의 밑단이 더 길기 때문에 시접 부분을 안쪽 편으로 넘겨 사진처럼 박음질합니다.

9 소매단을 안쪽으로 1cm 접어 박음질합니다.

목둘레 연결하기

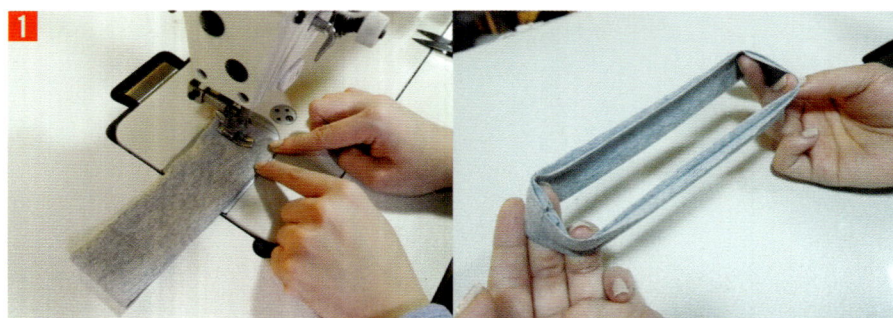

1 상의에 달 목둘레를 만듭니다.

2 상의에 목둘레를 사진처럼 고르게 잡고 시접 0.5cm로 박음질한 후, 오버록 칩니다.

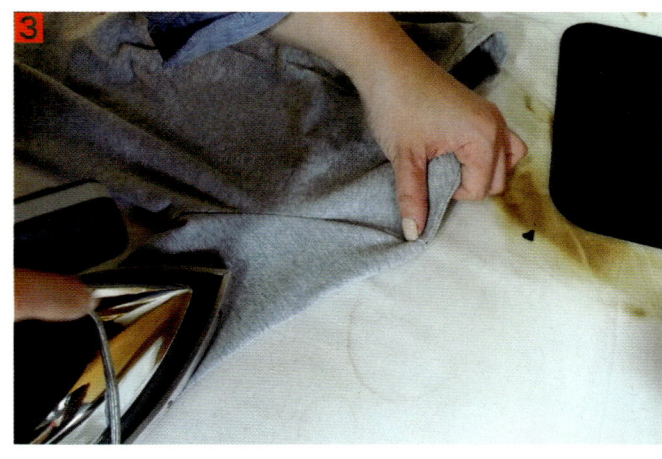

3 전체적으로 다림질하여 옷의 형태를 다듬습니다.

F/W no 3. 그래픽 라운드 업 티셔츠

본판 가방 만들기

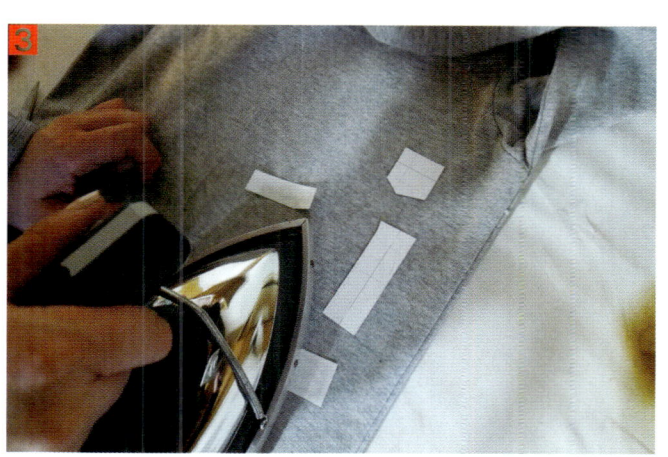

❸ 패브릭 스티커의 그림이 있는 면이 옷감 쪽으로 가게 올려놓고 그 위에 다리미를 10초 정도 눌렀다가 살짝 뗍니다. 다시 10초 정도 눌렀다가 떼고 열이 좀 식은 후 살며시 종이를 떼면 그림이 옷에 인쇄됩니다.

F/W no 4.

포코포코 니트 모자

폭신폭신한 니트에 부드러운 안감을 넣어 만든 상큼한 오렌지 같은 귀달이 모자예요. 잔디밭에서 통통 뛰어다니는 아이들의 모습이 상상되지요!

재료 준비

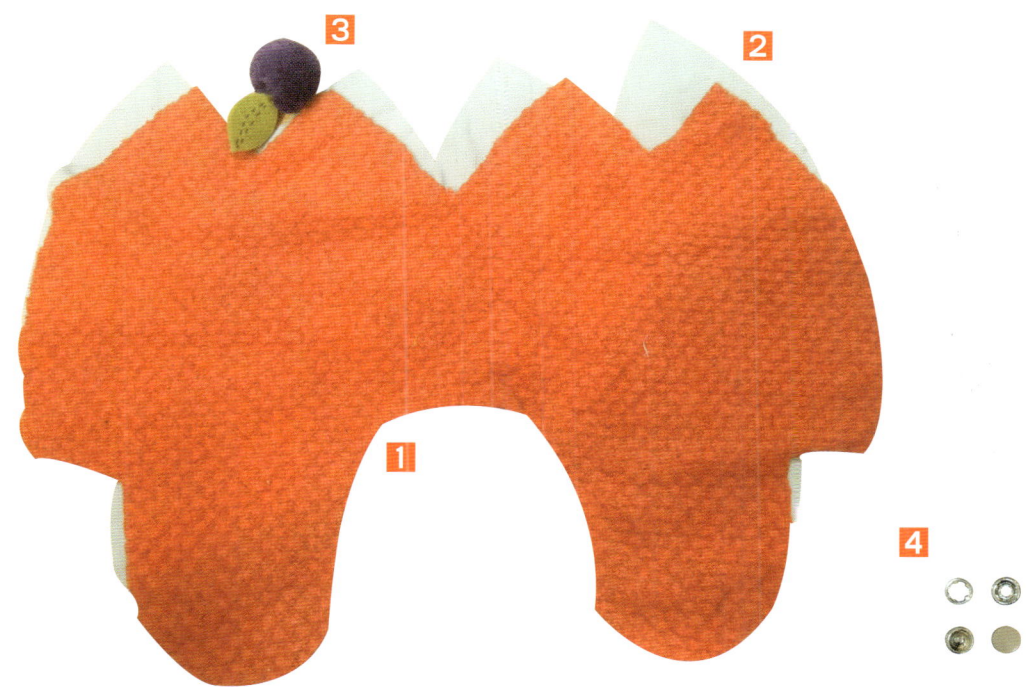

원단 소요량 - 니트(스웨터), 안감 후라이스 1/4~1/2마 정도(사이즈에 따라 차이가 있습니다).
주 원단의 종류 - 니트(스웨터), 후라이스
1 겉감 1장 **2** 안감 1장 **3** 모자 끝 장식 **4** 가시도트 1쌍

부분과 설명

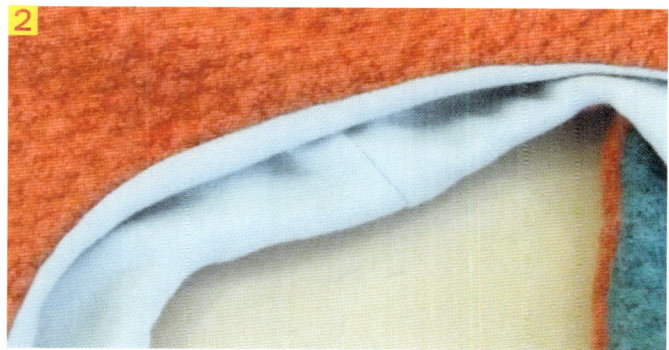
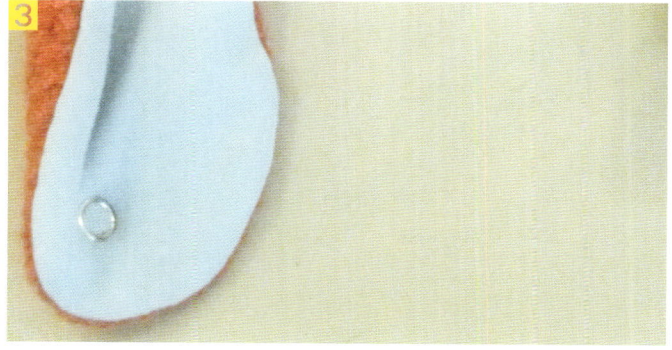

1 폼폼에 펠트로 만든 나뭇잎을 달아 열매를 연상시켰습니다.
2 모자 안감은 피부에 닿는 부분이라 부드러운 천을 사용합니다.
3 여밈 부분에 가시도트를 달았습니다.

부속 준비하기
작업 시작 전 모자 끝 장식을 만듭니다.

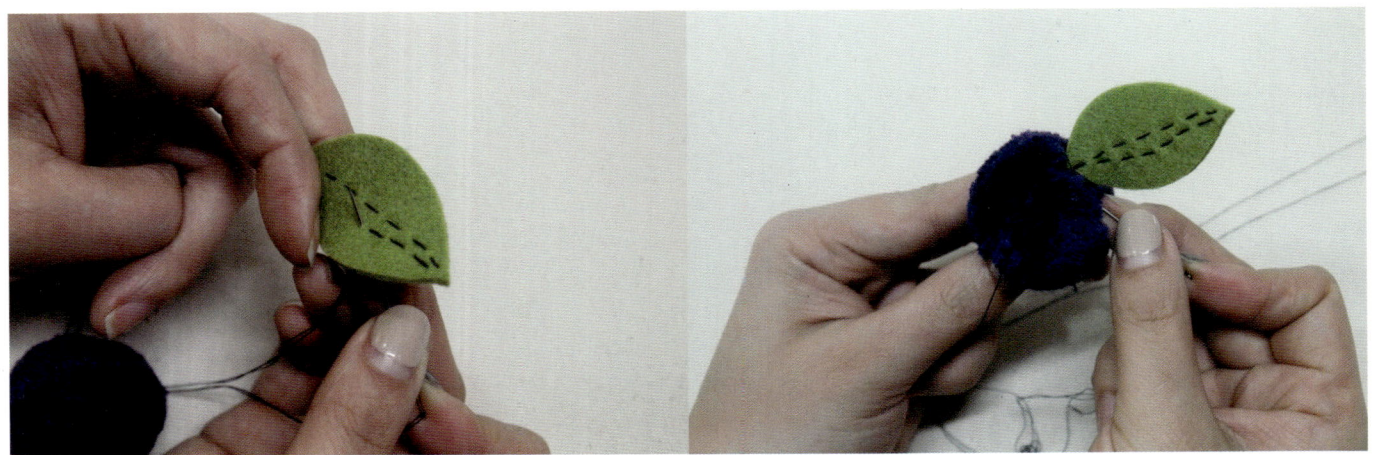

나뭇잎 모티브에 잎맥을 표현하는 바느질을 하고 폼폼에 나뭇잎 모티브를 답니다.

겉감, 안감 모자 형태 만들기

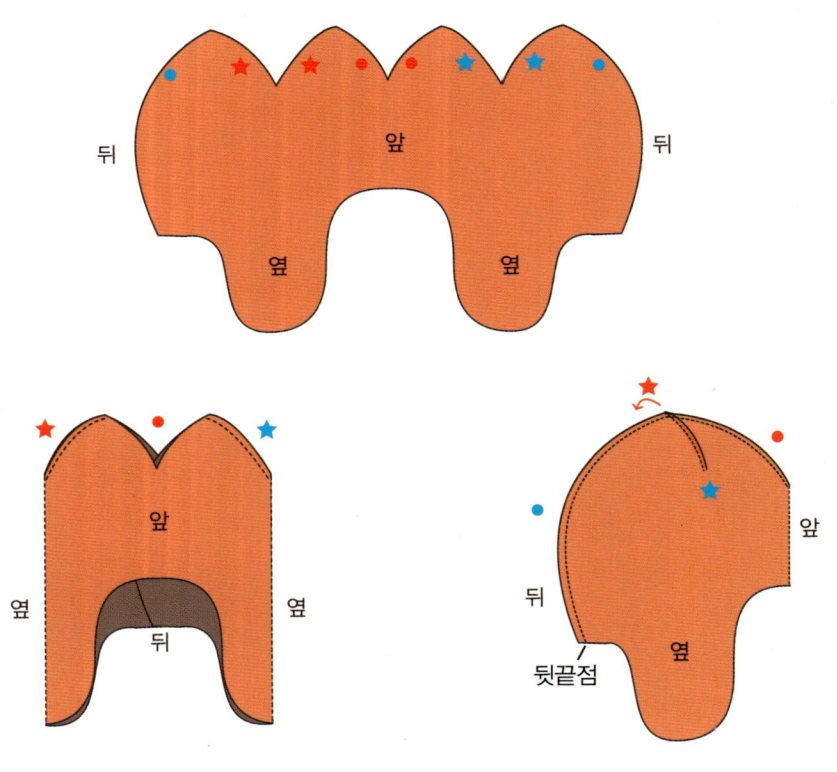

* 같은 색깔의 도형끼리 박음질합니다.

1 모자 겉감을 겉끼리 맞대고 반으로 접은 후 같은 색의 ★끼리 시접 1cm로 박음질합니다(일러스트 참조).

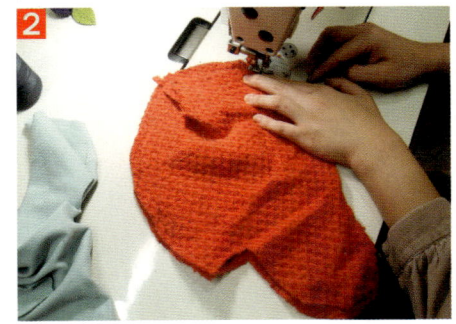

2 같은 색의 ●끼리 시접 1cm 간격으로 박음질합니다(일러스트 참조).

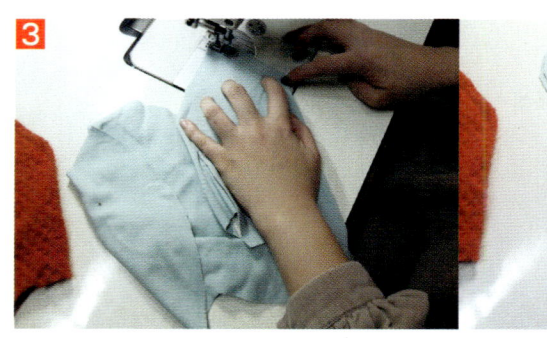
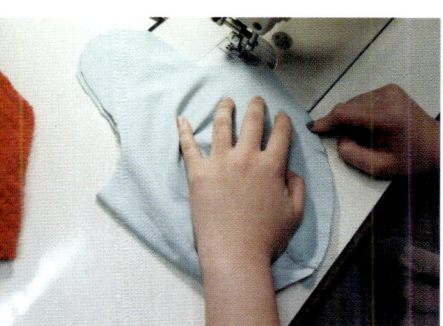

3 안감도 위의 겉감과 같은 방법으로 박음질합니다.

겉감과 안감 합복하기

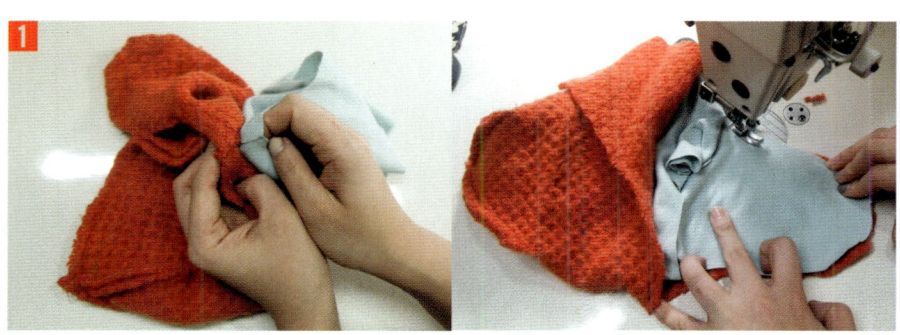
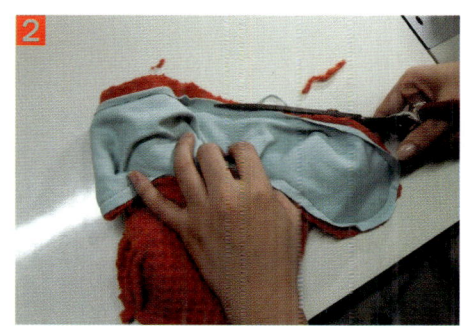

1 겉감과 안감의 뒷끝점을 잘 맞춘 후 창구멍 4cm 남기고 시접 1cm로 박음질합니다.

2 시접을 0.5cm가 되도록 일정하게 다듬습니다.

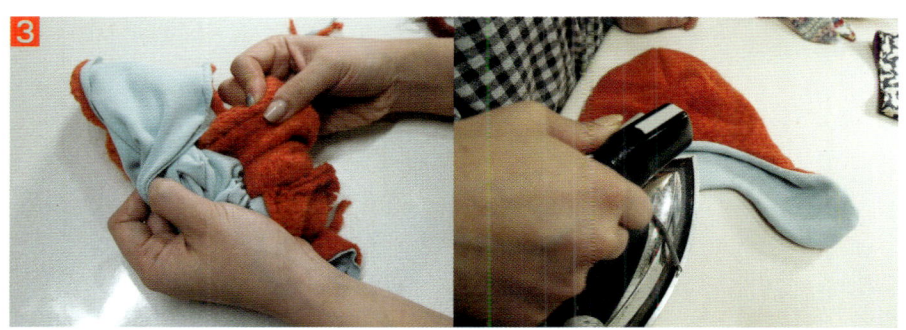

3 뒤집어서 다린 후 창구멍을 공그르기하여 막습니다.

모자 끝 장식과 가시도트 달기

1 준비한 모자 끝 장식을 공그르기하여 답니다.

2 모자의 귀 부분 끝에 가시도트를 답니다 (실물본 위치 참조).

F/W no 5.
토이 니트 베스트
남자아이들의 영원한 인기 아이템 자동차, 비행기, 로봇 등의 재미있는
모티브와 톡톡 튀는 배색으로 동화 속 주인공이 되게 해 주세요.

재료 준비

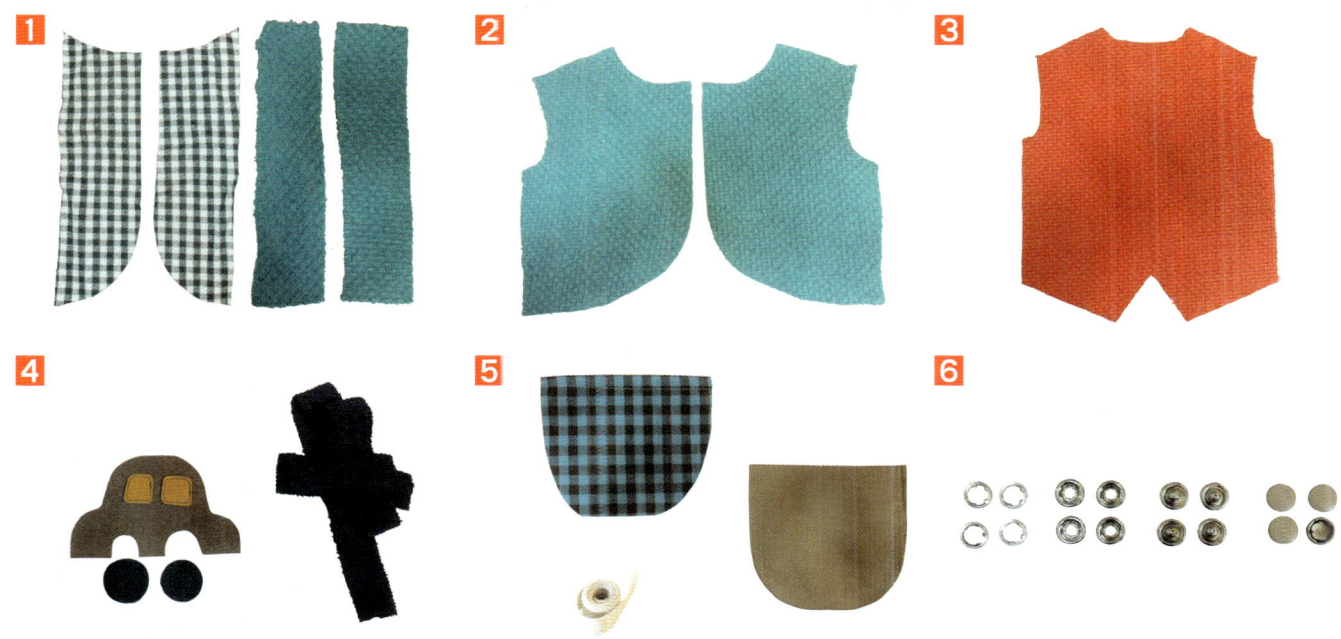

원단 소요량 – 1마(사이즈에 따라 차이가 있습니다)

주 원단의 종류 – 스웨터(니트) 원단

1 앞안단 대칭 2장, 소맷단 2장 **2** 상의 앞판 대칭 2장 **3** 상의 뒤판 1장 **4** 자동차 모티브, 목둘레 바이어스(4cm 니트 바이어스 사용 시 : 100–22cm, 110–24cm, 120–26cm, 130–28cm, 140–30cm) **5** 주머니(심지 포함), 린넨 테입, 주머니 모양 종이틀 **6** 가시도트 4쌍

부분과 설명

1 뒷부분에 바이어스를 둘러 포인트를 주었습니다. **2** 더블 버튼으로 멋스럽게! **3** 자동차 모티브로 재미있게 꾸몄습니다.

부속 준비하기
주머니와 자동차 모티브, 앞 안단, 소맷단을 먼저 만듭니다.

주머니 만들기

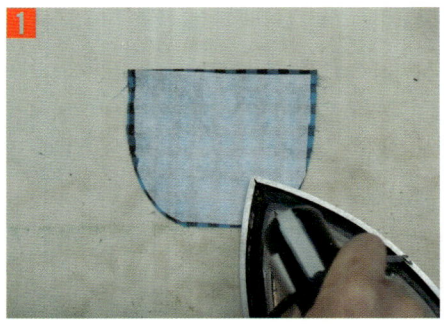
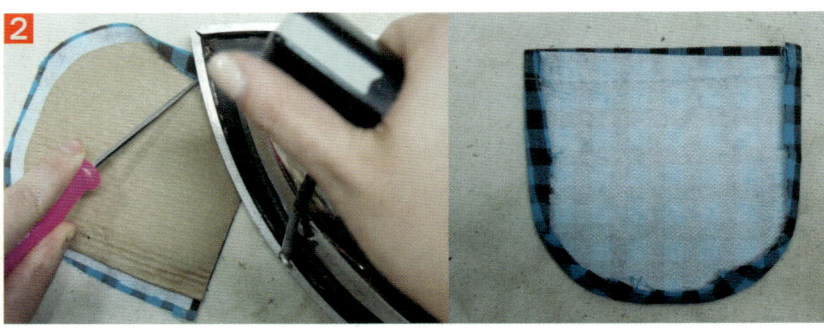

1 심지를 주머니 모양과 같이 오린 후, 주머니 안쪽 면에 다림질하여 붙입니다.

2 주머니 모양틀을 올려 놓고 남은 부분을 송곳으로 꺾어 다림질합니다.

3 린낸 테입을 사진처럼 상침하여 주머니를 장식합니다.

자동차 모티브 만들기

4 실물본에 있는 모티브를 펠트에 그리고 만듭니다.

앞안단 만들기

6 재단해 둔 안단 대칭 2장 모두 직선 부분을 오버록 친 후, 1cm 접어 박음질합니다 (얇은 원단의 경우에는 심지를 붙이는 것이 좋습니다).

소맷단 만들기

7 재단해 둔 소맷단을 반으로 접어 0.5cm 간격으로 박음질합니다.

주머니와 자동차 모티브를 앞판에 붙입니다. **앞판 장식 붙이기**

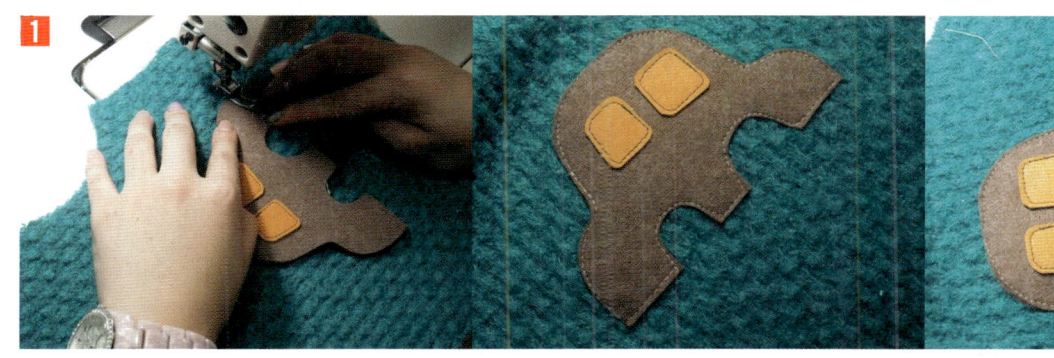

1 작업해 둔 자동차 모티브를 상의 앞판 오른쪽 위치에 맞게 놓고 간격 없이 상침합니다(실물본 위치 참조).

2 작업해 둔 주머니를 다른 앞판 오른쪽 위치에 맞게 놓고 간격 없이 상침합니다(실물본 위치 참조).

뒤판 끝 중앙 부분 바이어스 두르기

바이어스 두르는 방식대로 박음질한 후, 가운데 부분에 튀어 나온 바이어스를 뒤판 안쪽 면으로 반을 접어 박음질합니다.

완성된 안쪽 면

완성된 겉면

앞안단 붙이기

양쪽 상의 앞판의 앞쪽 곡선 부분과 앞안단 곡선 부분을 겉끼리 맞대고 시접 1cm로 박음질합니다.

상의 박음질

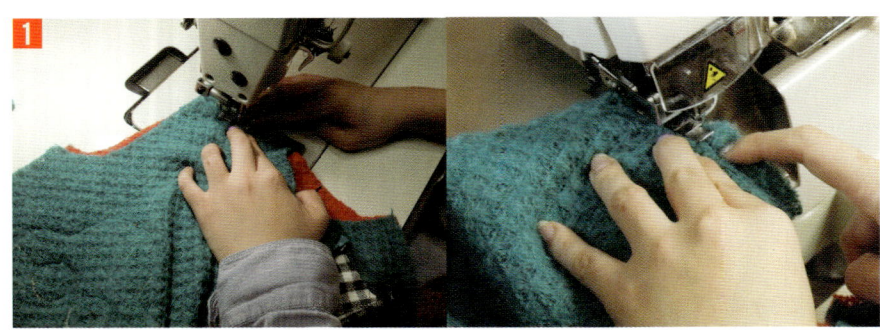

어깨 박기
1 앞판과 뒤판의 겉끼리 맞대어 어깨 부분을 시접 1cm로 박음질한 후, 오버록 칩니다(양쪽 어깨 모두).

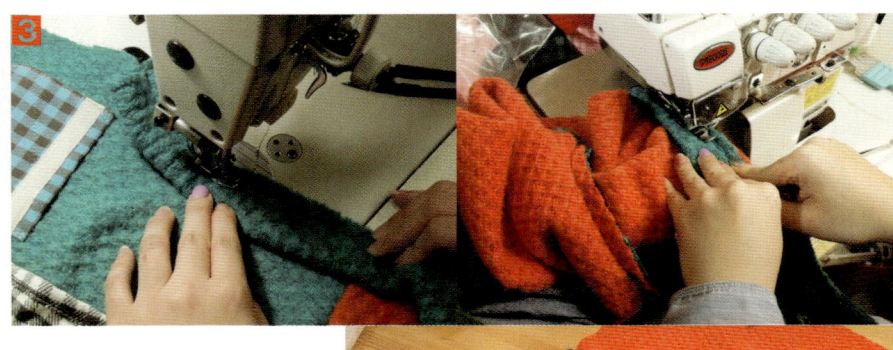

소맷단 달기
2 소맷단을 달 때 어깨 시접은 상의 뒤판 쪽으로 넘깁니다.

3 준비한 소맷단을 어깨 부분에 시접 1cm로 고르게 박음질한 후, 오버록 칩니다.

옆선 박기

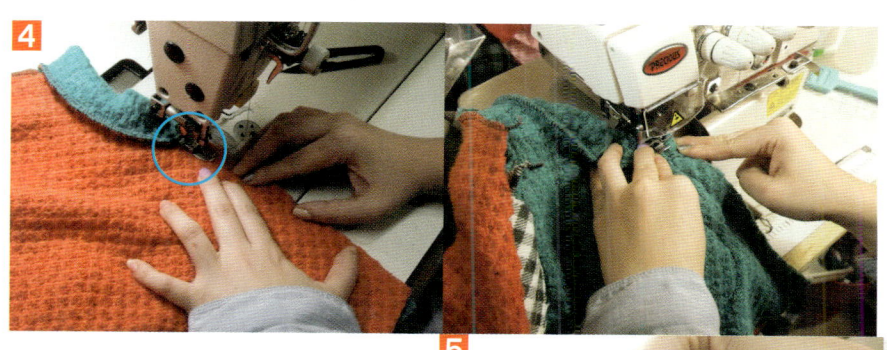

4 상의 앞뒤판을 겉끼리 맞대고 옆선을 맞추어 소맷단 끝부터 본판 밑단 끝까지 시접 1cm로 박음질한 후, 오버록 칩니다.

5 소맷단 시접을 상의 뒤판 쪽으로 넘긴 후 겉면에서 상침합니다. 겉에서 보았을 때 시접이 보이지 않고 깔끔하며 활동할 때도 편안합니다.

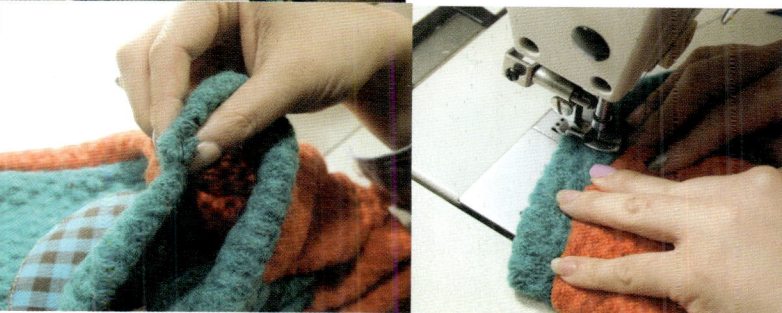

밑단 만들기

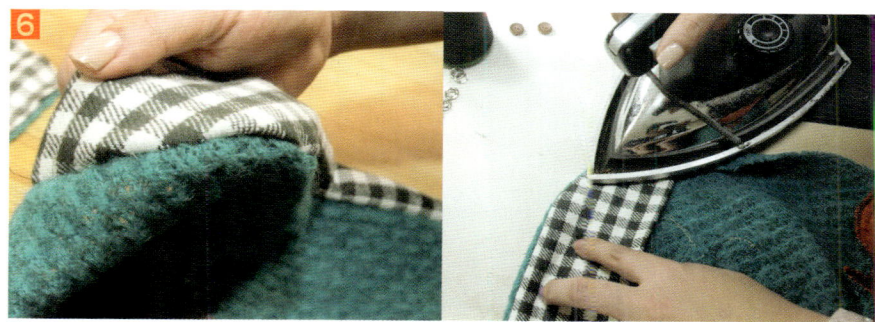
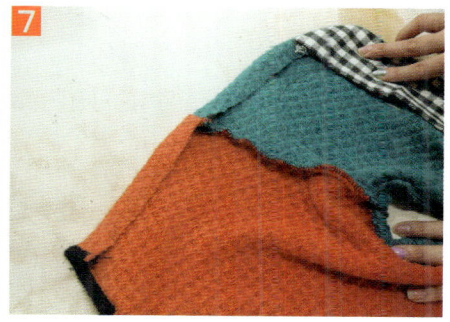

6 앞안단을 뒤집어 다리면 밑단이 시접만큼 안쪽으로 접혀 올라옵니다.

7 그 시접만큼 밑단 전체를 고르게 접어 올려 다립니다.

8 밑단 끝 전체를 오버록 치고 박음질합니다.

목둘레 바이어스 두르기

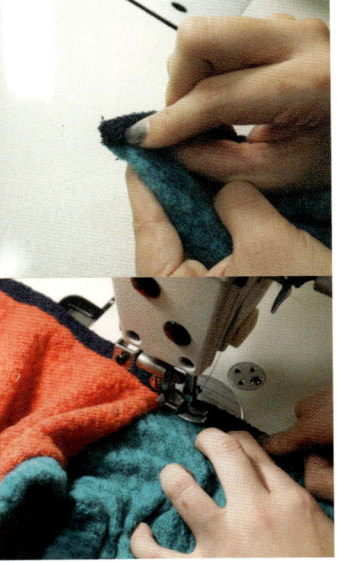

1 앞안단을 상의 앞판 안쪽 면과 잘 맞추어 놓고 목둘레를 간격 없이 박음질합니다. 이렇게 해야 움직이지 않게 고정됩니다.

2 목둘레에 바이어스를 두릅니다.

 Tip

니트 원단은 잘 늘어나는 조직이기 때문에 바늘땀을 보통 원단보다 크게 하여 박음질하는 것이 좋습니다.

니트류 원단이나 두꺼운 원단 : 4

보통의 원단 : 3

3 전체적으로 박음질된 선을 정리하듯 다립니다. 다림질할 때에는 다리미를 원단에 대고 누르면서 밀지 말고, 먼저 옷의 형태를 잘 만든 후, 박음질 선을 위주로 다림질해야 합니다.

안단 고정하기

앞안단의 가장자리와 상의 앞판 안쪽 면이 만나는 부분을 공그르기로 고정합니다.

가시도트 단추 달기

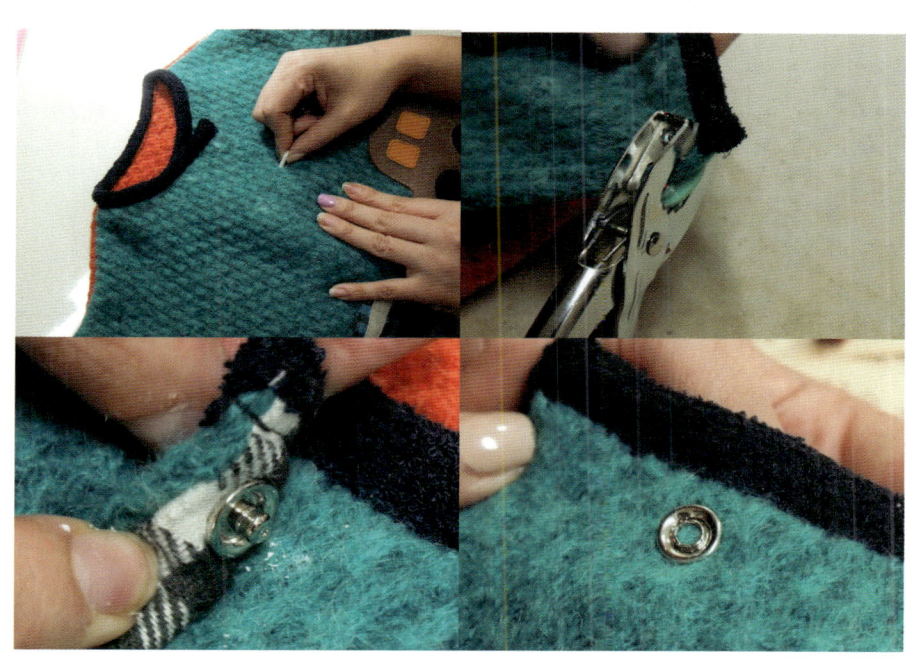

단추의 위치를 표시하고(위쪽 단추와 아래쪽 단추가 잘 맞는지 확인해야 합니다) 가시도트 도구를 이용해서 가시도트 4쌍을 답니다(실물본 위치 참조).

F/W no 6.

레이스 업 스커트 팬츠

뛰어놀기 좋아하고 구르기 좋아하는 공주님들의 필수 아이템. 공주님의 우아함과 말괄량이 소녀의 활동성까지 생각하면 답은 치마바지이지요. 기장을 길게 하거나 원단을 얇게 하는 등, 응용이 쉬운 디자인입니다.

재료 준비

원단 소요량 - 1/2마(사이즈에 따라 차이가 있습니다)
주 원단의 종류 - 기모 쭈리면(편성물의 한 종류로, 트레이닝복이나 맨투맨 티셔츠의 소재로 주로 이용됩니다)
1 치마 앞판 1장, 치마 뒤판 대칭 2장, 프릴 1장 2 허릿단 1장, 주머니 대칭 2장 3 앞판 장식 레이스(자유롭게 여러 종류의 레이스를 섞어 달아 주면 됩니다), 고무줄(41p 참조)

부분과 설명

1 자유롭게 레이스를 골라 매치해 보는 재미가 있어요.
2 주머니 패치도 센스있게 매치시켜 보세요.
3 뒷모습입니다.

앞판 레이스 붙이기

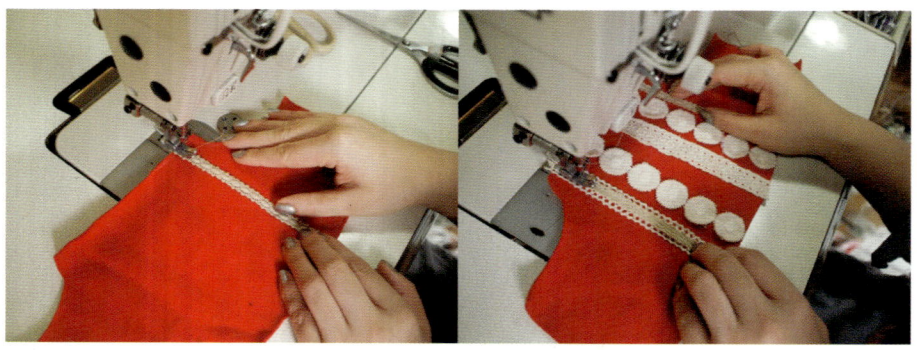

치마 앞판 겉면에 레이스를 세로 방향으로 자유롭게 상침하여 붙입니다.

앞쪽 주머니 붙이기

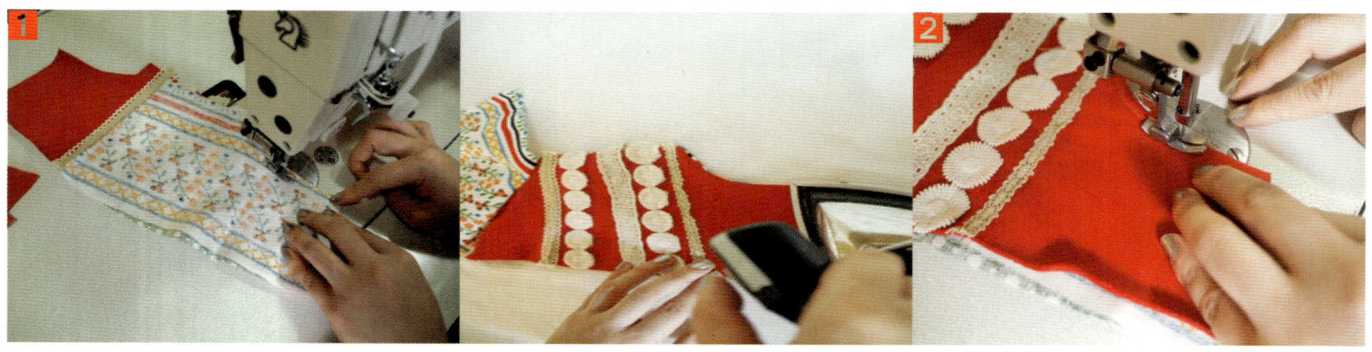

1 치마 앞판의 파인 곡선 부분과 주머니의 파인 곡선 부분을 겉끼리 맞대고 시접 1cm로 박음질한 후, 앞판 안쪽으로 꺾어 다립니다.

2 앞판의 겉면 곡선 부분을 따라 0.5cm 간격으로 상침합니다.

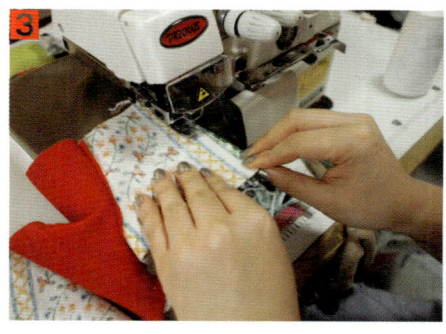

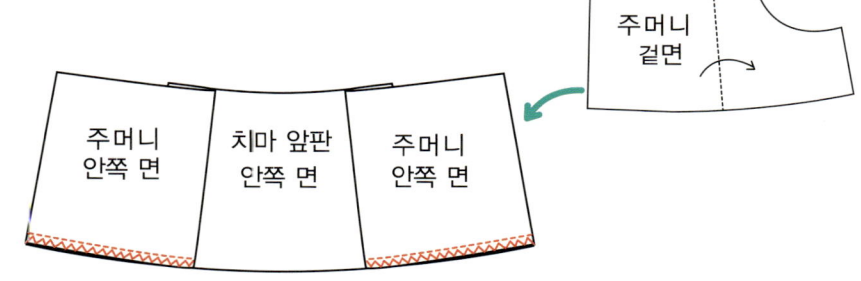

3 치마 앞판이 맞대어진 주머니 밑단을 시접 1cm로 박음질한 후, 오버록 쳐서 막습니다.

4 치마 앞판의 옆선 부분과 주머니 옆선을 간격 없이 박음질합니다(이처럼 주머니를 고정시키면 밑단에 프릴을 연결할 때 편합니다).

F/W no 6. 레이스 업 스커트 팬츠

뒤판 붙이기

치마 뒤판의 겉과 겉을 모양에 맞게 맞대고 중심 부분을 시접 1cm로 박은 후, 오버록 칩니다. 이후 겉면 쪽으로 펴서 박음질 선을 따라 간격 없이 상침합니다.

프릴 부분 만들기

1 프릴의 앞밑위와 뒷밑위를 시접 1cm로 박음질한 후, 오버록 칩니다.

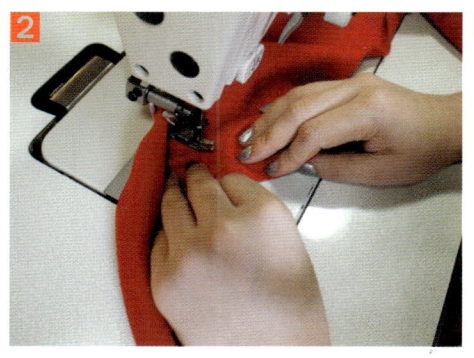

2 프릴을 겉면으로 펼치고 앞밑위와 뒷밑위 모두 박음질 선을 따라 간격 없이 상침합니다.

3 겉끼리 맞대고 앞뒤 밑아래를 시접 1cm로 박음질한 후, 오버록 칩니다.

4 프릴 밑단을 오버록친 후, 1cm 접어 박습니다.

5 프릴 윗부분을 본판 둘레에 맞게 송곳으로 주름을 잡습니다.

본판 앞판과 뒤판 연결하기

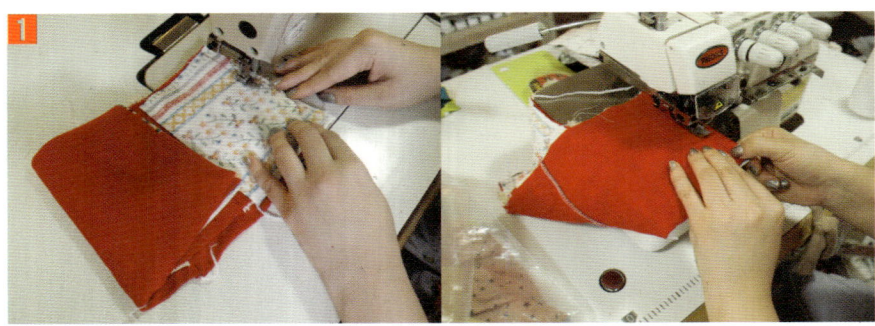 

1 본판 앞판과 뒤판을 겉끼리 맞대고 양쪽 옆선을 시접 1cm로 박음질한 후, 오버록 칩니다.

2 양쪽 본판 옆선의 겉면에 간격 없이 상침합니다.

본판 앞판과 뒤판 연결하기

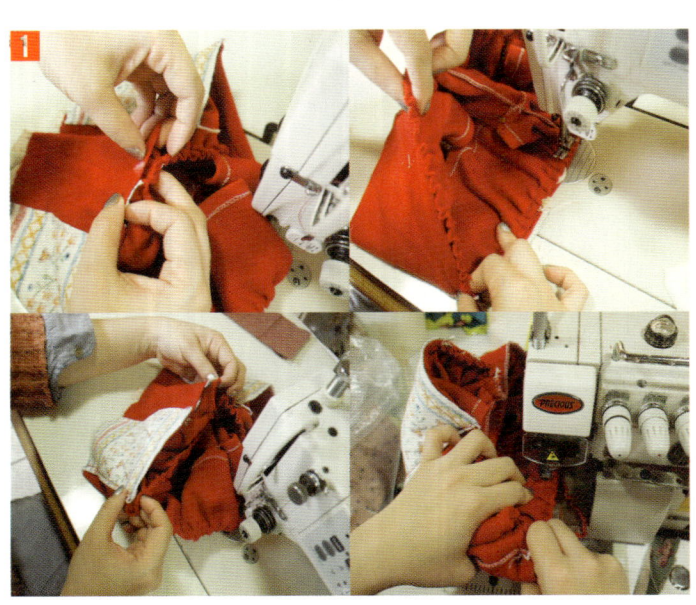

1 본판 둘레의 앞부분 중심을 표시하고 프릴의 앞중심과 맞춘 후, 시접 1cm로 고르게 박음질하고 오버록 칩니다.

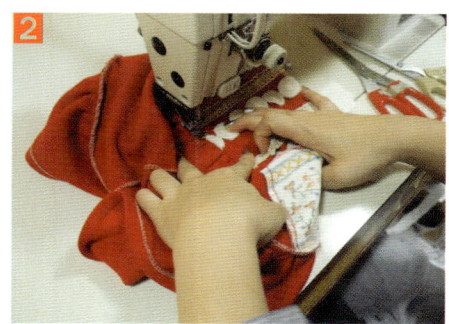

2 프릴 연결 시접을 치마 위쪽으로 쭈어 올린 후, 겉면으로 펼치고 바느질 선을 따라 간격 없이 상침합니다.

허릿단 연결하기

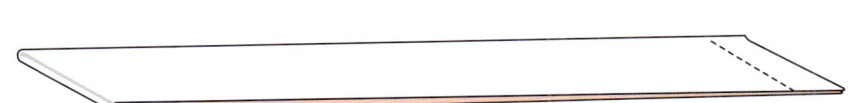

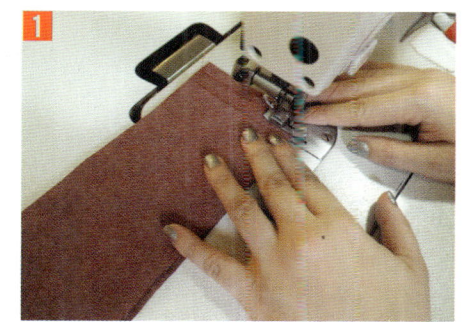

1 허릿단을 허리둘레에 맞게 원형으로 만들어 놓습니다.

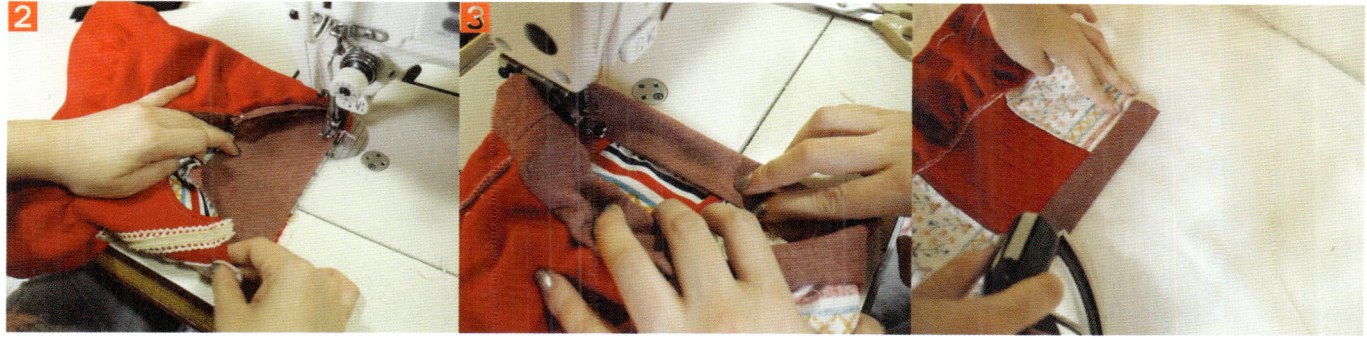

2 허릿단의 겉면과 본판의 안쪽 면을 맞대어 허릿단을 치마 안쪽으로 넣고 시접 1cm로 박음질합니다.

3 다시 뒤집어서 겉면에 생긴 박음실 선을 따라 간격 없이 상침합니다. 이때 고무줄이 들어갈 창구멍 4cm 정도를 뒤쪽으로 남깁니다. 이후 뒤틀림 없이 잘 다립니다.

3 창구멍을 통해 고무줄을 꼬이지 않게 잘 넣고 고무줄을 이어 박습니다. 이후 창구멍을 막습니다. 옷이 완성되면 박음질 선을 고르게 하여 전체적으로 다립니다.

F/W no 7.

하트 루즈핏 스웨터

편안하게 레이어드 룩으로 입힐 수 있는 스웨터입니다. 러블리 러블리 하트 뽕뽕~, 크로버, 스페이스, 다이아몬드처럼 모티브의 모양에 따라 이름 붙이기도 재미있답니다. 만들기 편하고 코디하기 좋은 아이템이에요.

재로 준비

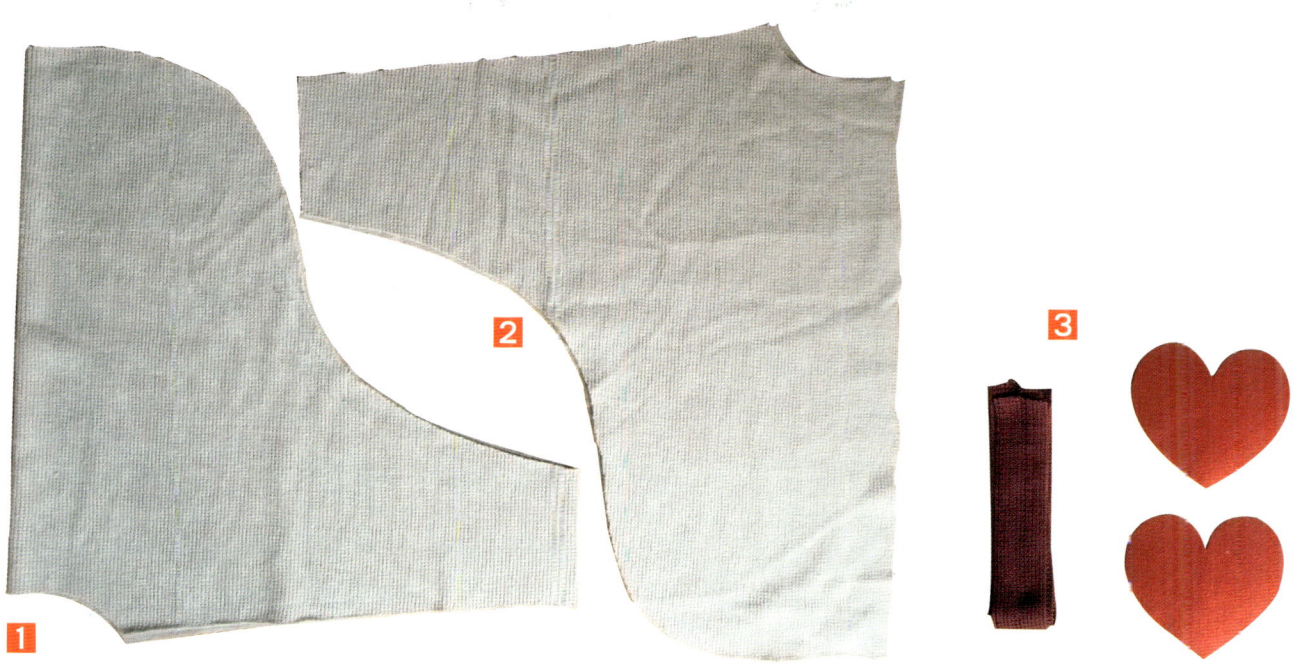

원단 소요량 - 1매(사이즈에 따라 차이가 있습니다) | 주 원단의 종류 - 니트(편성물의 한 종류)
1 상의 앞판 1장 2 상의 뒤판 대칭 2장 3 4cm 니트 바이어스 110~130cm (목둘레 바이어스 : 100-22cm, 110-24cm, 120-26cm, 130-28cm, 140-30cm 포함), 하트 모티브 2장

부분과 설명

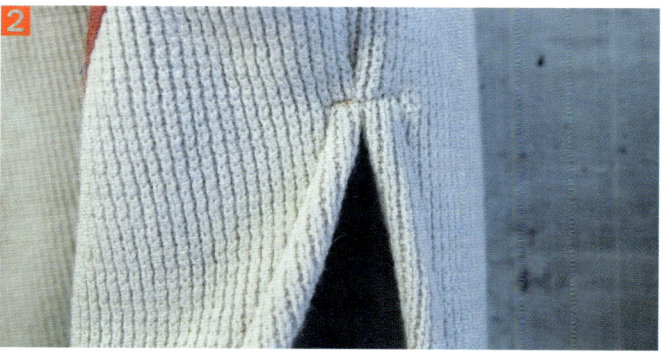

1 니트 바이어스로 포근한 느낌을 주었습니다.
2 옆트임을 주어 활동성을 높입니다.
3 뒷부분에 리본으로 포인트를 주었습니다.

앞판 하트 모티브 붙이기

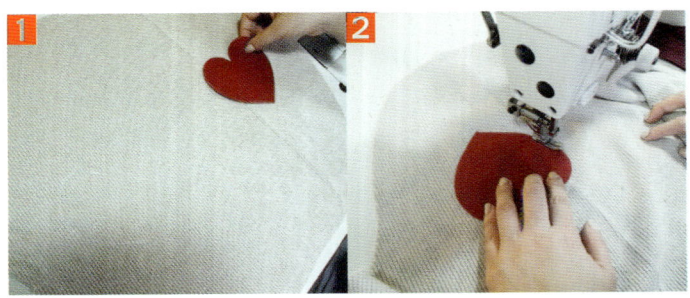

1 상의 앞판에 하트의 위치를 잡아서 초크로 그립니다.(실물본 위치 참조)

2 그려 놓은 위치에 펠트 하트 모티브를 올리고 간격 없이 상침 합니다.

본체 박음질하기

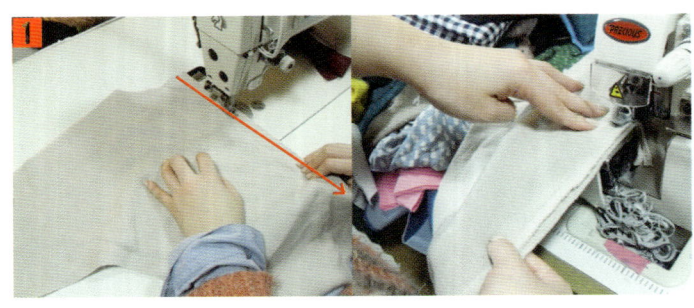

상의 뒤판 중심 연결하기
1 상의 뒤판의 중심 부분을 겉끼리 맞대고 시접 1cm로 박음질 한 후, 오버록 칩니다.

어깨 연결하기
2 상의 앞뒤판의 어깨 부분을 겉끼리 맞대고 어깨선(여기서 어깨는 목옆점에서 소매끝까지를 말합니다)을 시접 1cm로 박음질 한 후, 오버록 칩니다(양쪽 어깨 모두).

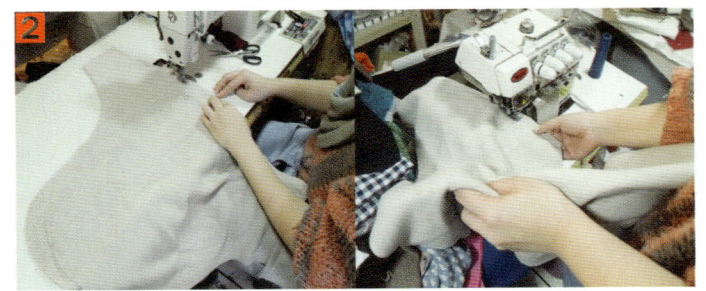

옆선 박기와 단 처리
3 소매 끝과 소매 아랫라인부터 밑단까지 오버록 칩니다.

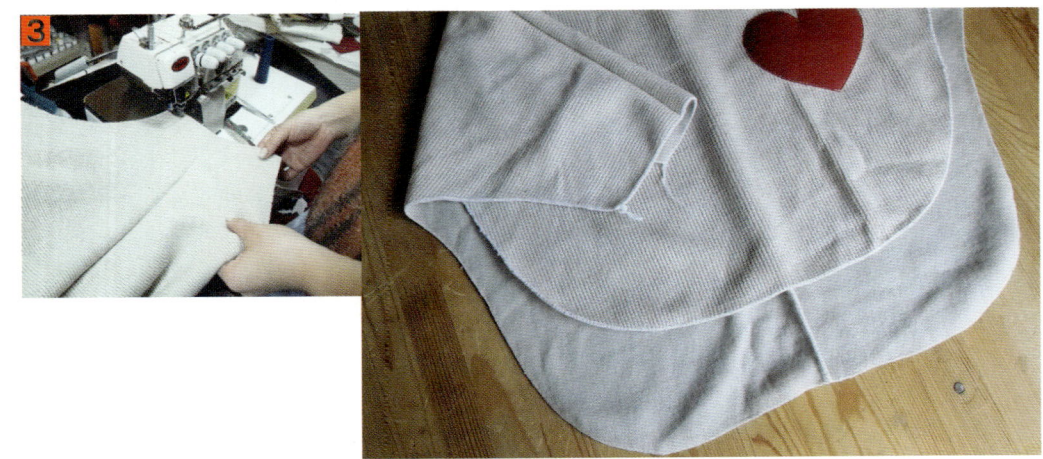

F/W no 7. 하트 루즈핏 스웨터

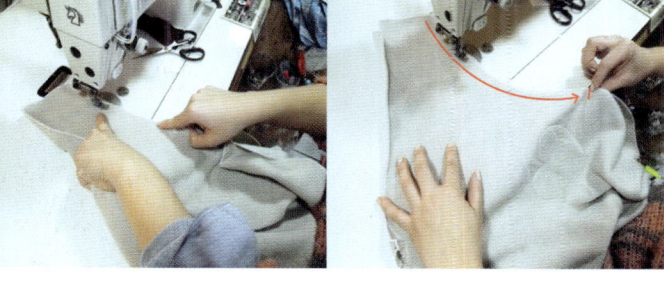

4 옆선 박음질 끝점을 양쪽 모두 표시하고(실둗본 위치 참조) 앞뒤판을 겉끼리 맞대어 소매끝부터 표시점까지 착음질합니다.

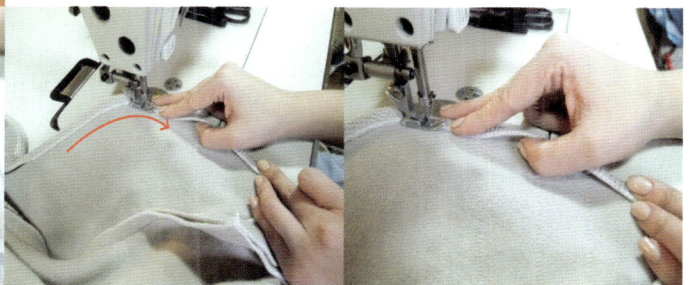

5 표시점에서 가름솔합니다. 가름솔한 시접을 가로로 박고 그대로 직각으로 내려 밑단을 접어 박기합니다(손 동작을 잘 보면 박음질할 때 도움이 됩니다).

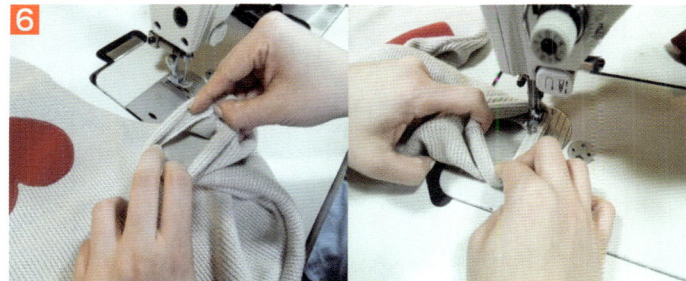

소매 접어 박기

6 소매 둘레를 안쪽으로 1cm 접어 박음질합니다.

목둘레 바이어스 두르기

1 준비한 니트 바이어스를 목둘레에 맞게 잘라 겉끼리 맞대고 끝을 박습니다(일러스트 참조).
원단이 신축성이 있는 경우 목둘레 바이어스 둘레를 90% 정도 작게 만들어야 합니다.

2 상의 안쪽에 바이어스 겉면을 고르게 맞춰 놓고 시접 0.5cm 간격으로 박음질합니다.

3 다시 본판을 뒤집어 겉면이 안쪽이 되게 놓고 바이어스를 겉면 쪽으로 접어 올려 간격 없이 상침합니다.

뒷리본 달기

1 니트 바이어스를 반 접어 박음질한 후, 리본을 접습니다.

2 뒷목 중간에 리본을 답니다.

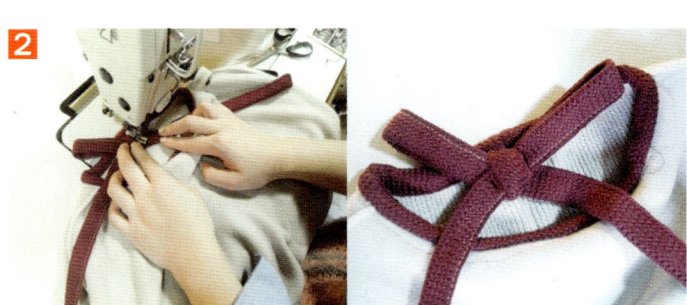

다림질하여 정돈하기

완성된 옷을 전체적으로 단정히 펴 놓고 박음질 선을 따라 다립니다.

F/W no 7. 하트 루즈핏 스웨터

F/W no 8.

도토리 팬츠

도토리…… 왠지 부르면 사랑스럽게 들려요. 맨들맨들 반짝이는 도토리 모양만 보아도 마음이 설레이네요. 그래서인지 도토리는 하루의 영원한 베스트 아이템입니다! 무릎 패치로 폭신폭신 도토리를 달아 기능성도 살리고 가을 정치를 물씬 느끼게 합니다.

재료 준비

1 바지 앞판 대칭 2장, 바지 뒤판 대칭 2장 2 뒤쪽 윗부분 대칭 2장 3 뒷주머니 장식 대칭 4장 4 주머니 대칭 2장 5 무릎 도토리 장식 2개 6 시보리 허릿단(2.5cm 고무줄 사용 시 : 100-8×38cm, 110-8×40cm, 120-8×44cm, 130-8×48cm, 140-8×52cm), 고무줄(41p 참조) 7 뒷장식 단추 2개, 주머니 꾸밈 바이어스 2장(가로 4cm, 세로 약 13cm)

원단 소요량 - 1/2마 ~ 1매(사이즈에 따라 차이가 있습니다)
주 원단의 종류 - 스판이 함유된 면니트(신축성이 좋아 박음질할 때 당기거나 밀지 않게 주의하세요)

부분과 설명

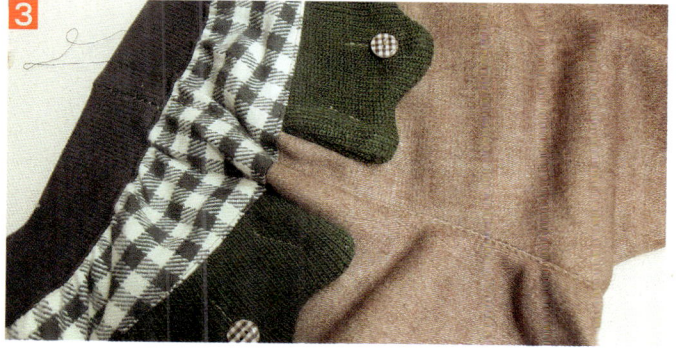

1 포근한 무스탕 도토리 무릎 패치. 장난끼 가득한 도토리 패치는 엄마도 아이도 모두모두 웃음짓게 합니다.
2 앞쪽 주름으로 퀄리티를 높였습니다.
3 뒷주머니에 상수리잎을 달아 익살스럽게 디자인했어요.

부속 준비하기

1 재단한 뒷주머니 장식을 겉끼리 맞대고 시접 1cm로 박음질한 후, 뒤집어서 다립니다. 이후 아래 완성 사진처럼 박음질로 스티치 모양을 넣습니다.

2 뒤쪽 윗부분 대칭 2장을 겉끼리 맞대고 시접 1cm로 박음질한 후, 벌려서 상침합니다.

3 뒷주머니 장식을 실물본 위치를 참조하여 답니다.

앞판 장식과 주머니 달기

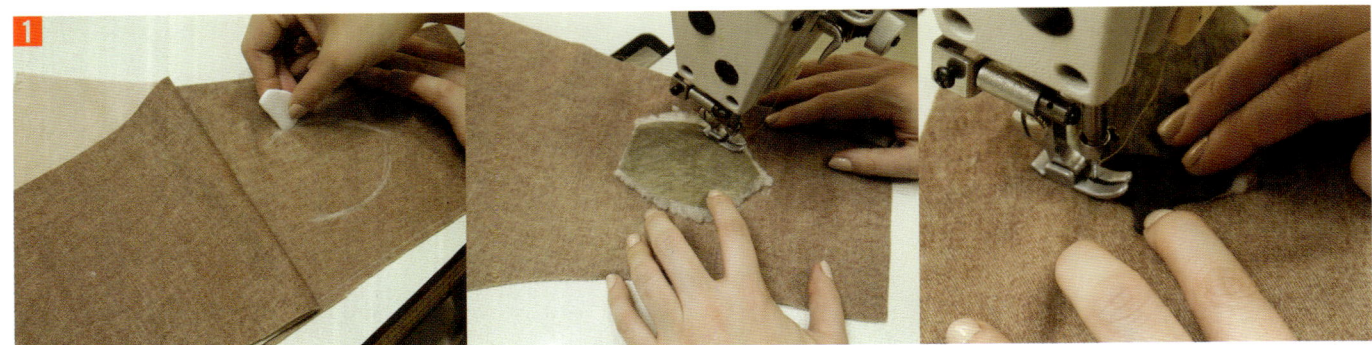

1 앞판의 무릎 부분에 도토리 패치를 상침하여 답니다(실물본 위치 참조).

2 바지 앞판 주머니 부분에 바이어스를 두릅니다.

3 바지 앞판의 안쪽 면에 주머니 안쪽 부분을 사진처럼 놓고 시접 0.5cm로 박음질합니다.

4 앞주름 부분에 표시(실물본 위치 참조)한 후, 박음질합니다. 만든 주름골을 누른 후 바지 윗부분(허리 부분)을 박음질로 고정합니다.

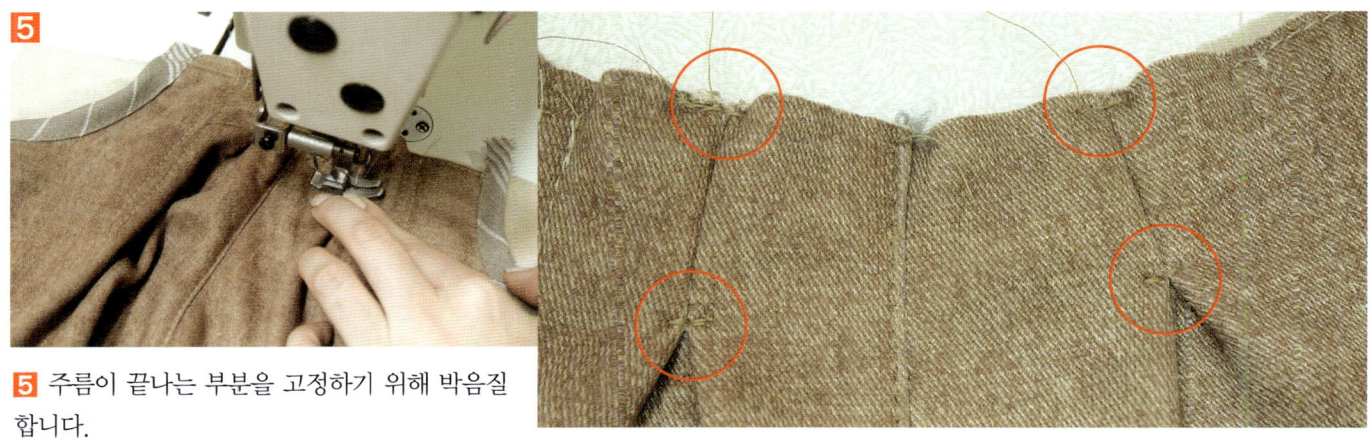

5 주름이 끝나는 부분을 고정하기 위해 박음질 합니다.

본판 박음질

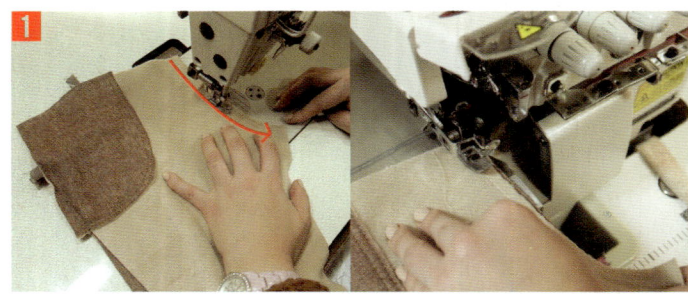

1 바지 앞판의 밑위를 겉끼리 맞대고 시접 1cm로 박음질한 후, 오버록 칩니다.

2 바지 뒤판의 밑위도 겉끼리 맞대고 시접 1cm로 박음질한 후, 오버록 칩니다. 이후 겉면으로 펼쳐서 바느질 선을 따라 간격 없이 상침합니다.

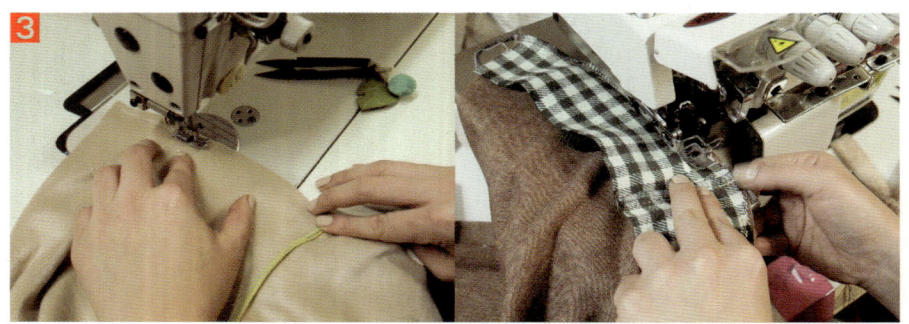

3 바지 뒤판 겉과 만들어 놓은 뒤쪽 윗부분의 겉을 윗부분에 맞대고 1cm 간격으로 박음질한 후, 오버록 칩니다.

4 뒤집어 바느질 선을 따라 상침합니다. 이때 안쪽의 시접은 위쪽으로 넘깁니다.

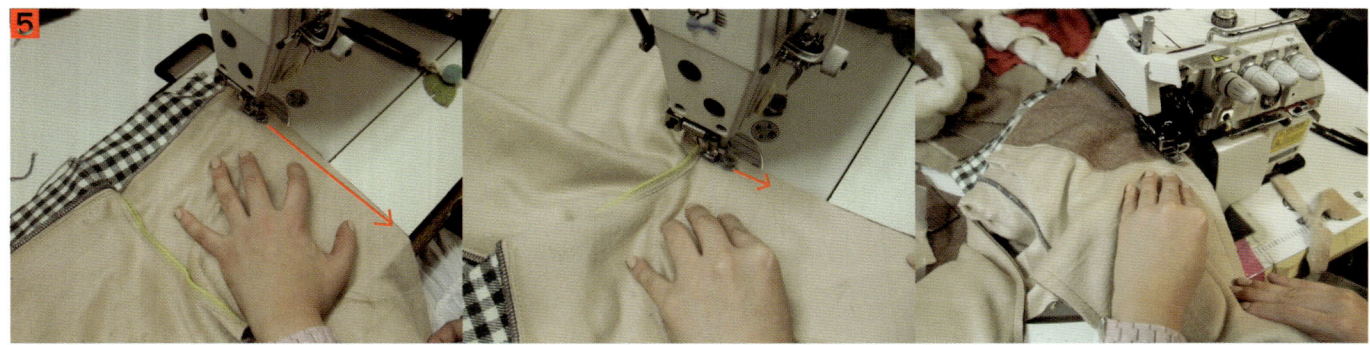

5 바지 앞판과 뒤판을 겉끼리 맞대고 옆선과 밑아래를 시접 1cm로 박음질한 후, 오버록 칩니다.

허릿단 연결하기

1 허릿단을 겉끼리 맞대고 끝부분을 박음질합니다.

2 허릿단을 바이어스 두르기 하듯 바지 안쪽 면에서 시접 1cm로 박음질합니다(고무줄과 바지둘레가 고르게 잡히도록 4등분으로 표시해 놓은 다음, 사진과 같이 잡고 박음질하면 효과적입니다).

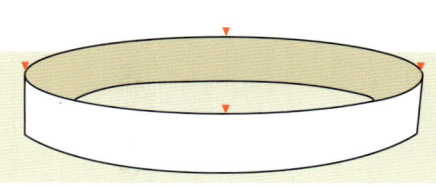

HaRoo Tip

허릿단, 목둘레 등을 고르게 박기 위해서는 둘레를 4등분하여 맞춤점을 표시하면 더욱 고르게 박음질할 수 있습니다.

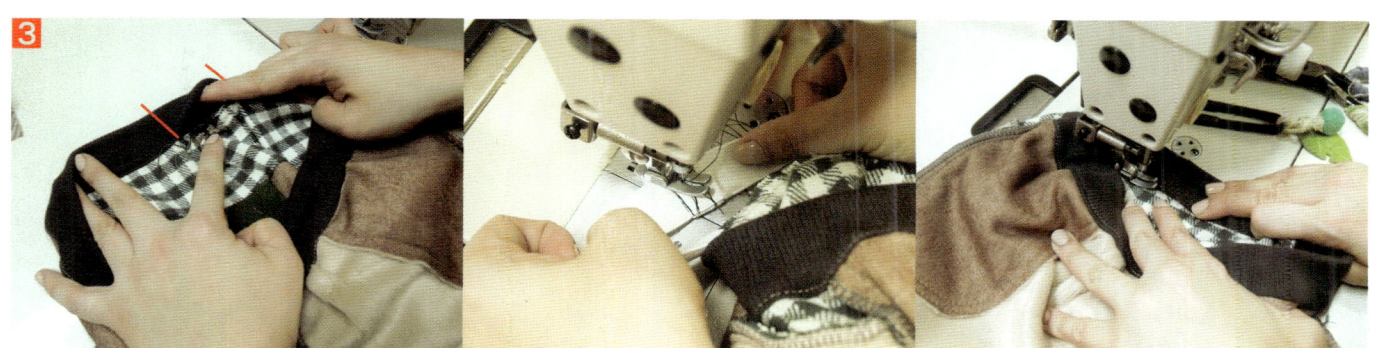

3 남겨 둔 창구멍으로 고무줄을 허리 사이즈에 맞게 잘라 끼우고 창구멍을 막습니다.

밑단 박기와 다림질

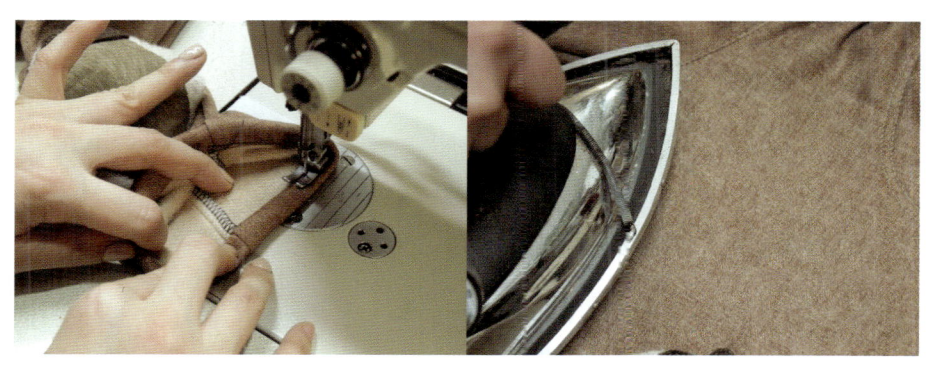

바지 밑단을 안쪽 면으로 1cm 접어 박고 다림질하여 완성합니다.

F/W no 9.
도토리 장갑
정말 귀여운 도토리 모티브로 더욱 귀여워진 벙어리 장갑! 포근한 무스탕 원단으로 따뜻하고 귀여운 코디가 되게 해 주세요!

재료 준비

1 손목 부분 퍼 원단 2장 2 손바닥 아랫부분 대칭 2장 3 엄지 2장 4 손바닥 윗부분 대칭 2장 5 손등 부분 대칭 2장 6 도토리 모티브 2개 장식 단추 7 걸이용 끈 8 연결고리 끈 2개

원단 소요량 – 무스탕 원단 약 45×30cm, 퍼 원단 약 30×30cm(사이즈에 따라 차이가 있습니다)
주 원단의 종류 – 무스탕 원단(세무 원단과 털 원단을 접착한 것. 도톰하지만 박음질할 때 무리 없게 잘 박힙니다)

부분과 설명

1 포근한 퍼 원단은 무스탕과 잘 어울려요.
2 귀여운 단추 포인트! 가방과 바지와 통일감을 주어요.
3 연결고리 부분입니다.

손바닥 부분 연결하기

1 엄지 부분과 손바닥 윗부분을 시접 0.2cm로 박음질합니다.

2 손바닥 아래(엄지 모양이 달린 부분) 부분과 **1** 과정에서 작업한 부분을 사진처럼 시접 0.2cm로 박음질합니다.

손바닥과 손등 부분, 손목 부분 연결하기

1 손등 부분의 안쪽 면과 앞에서 작업한 손바닥 부분의 안쪽 면을 잘 맞추어 시접 0.2cm로 박음질합니다.

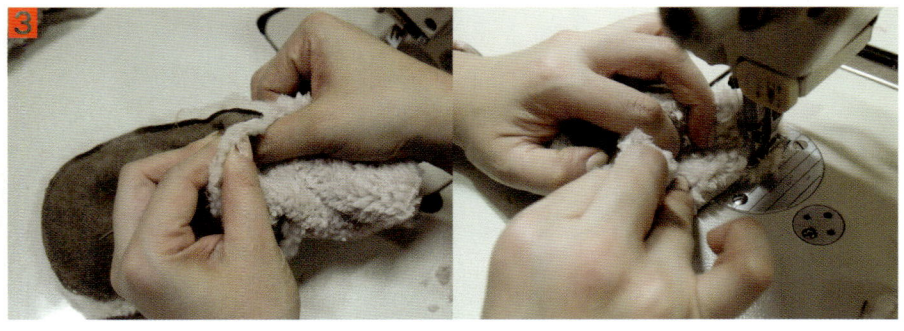

2 손목 부분 퍼 원단을 겉끼리 맞대고 반을 접어 끝쪽을 시접 1cm로 박음질합니다.

3 장갑의 안쪽 면과 손목 부분 겉면이 맞닿게 넣은 후, 오른쪽 사진처럼 시접 0.2cm로 박음질합니다.

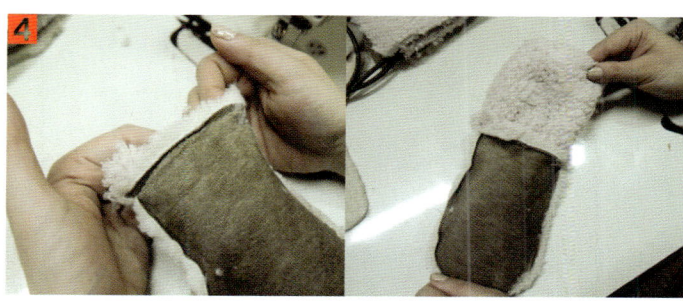

4 3 과정을 마치면 사진처럼 됩니다.

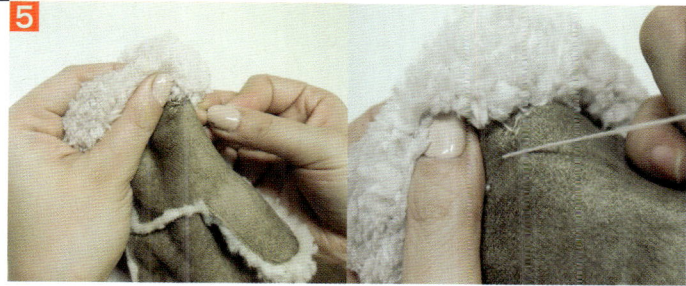

5 손목 끝부분 퍼 원단을 아래로 접어 내리고 공그르기합니다.

옆고리, 장식 모티브 달기와 끈 연결하기

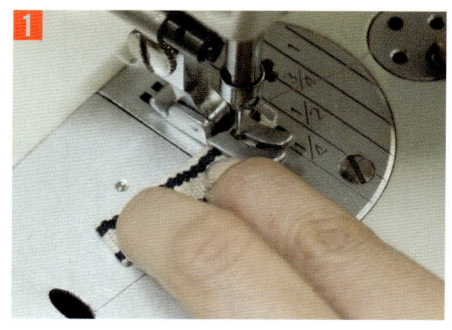

1 연결고리 끈을 반 접어 박아 원형으로 만듭니다.

2 손목 쪽 위치에 맞게 연결고리 끈을 답니다.

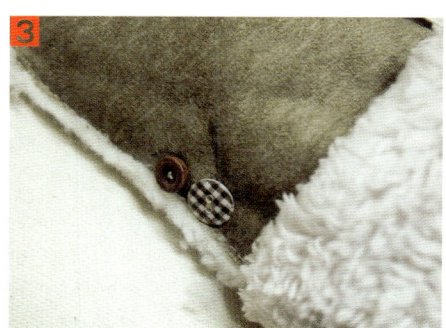

3 장식 단추를 답니다.

4 도토리 모티브를 손바느질로 답니다.

5 연결고리에 걸이용 끈을 매듭지어 묶습니다(도토리 무스탕백 참조).

F/W no 10.
도토리 무스탕 백
아이들에게도 엄마들에게도 인기가 많았던 도토리 가방이에요.
포근한 무스탕 원단은 가을과 겨울 아이들의 귀여운 퍼션 아이템이 됩니다.

재료 준비

1 본판 1장 2 덮개(겉감, 안감) 각 1장 3 옆 연결고리 2개 4 도토리 모티브 5 걸이용 끈 약 65cm 6 린넨 테입 약 25cm 7 장식 단추와 가시도트, 지퍼

원단 소요량 – 본판 원단 25×35cm 내외(사이즈에 따라 차이가 있습니다)
주 원단의 종류– 무스탕 원단–세무 원단과 털 원단을 접착한 것(도톰하지만 박음질할 때 무리 없게 잘 박힙니다.)

부분과 설명

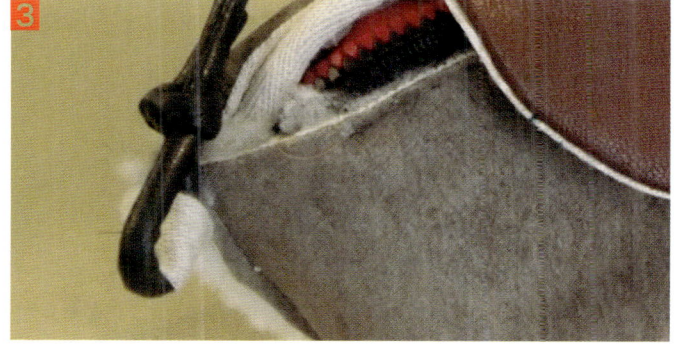

1 빈티지한 느낌의 인조가죽으로 덮개에 포인트를 주었습니다. 2 도토리 패치와 단추로 도토리 장갑과 도토리 바지와의 통일감을 주었습니다. 3 끈의 매듭 부분입니다. 만들 때 참조하세요.

본판에 덮개 달기

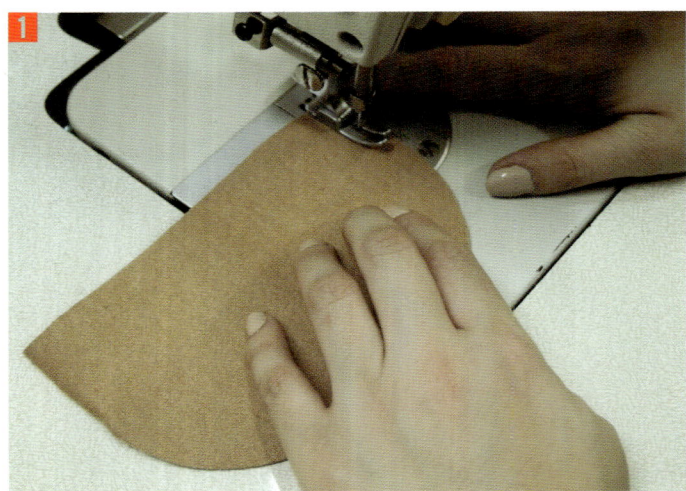

1 덮개 원단(겉감과 안감)을 겉끼리 맞대고 노루발 1개 간격 (0.5cm)으로 박음질합니다.

2 박음질한 부분을 눌러 다립니다.

3 본판 중심과 덮개 중심에 맞춤점을 표시합니다(실물본 위치 참조).

4 본판 겉과 덮개 겉을 중심을 맞춘 다음 맞대고 시접 0.5cm로 박음질합니다.

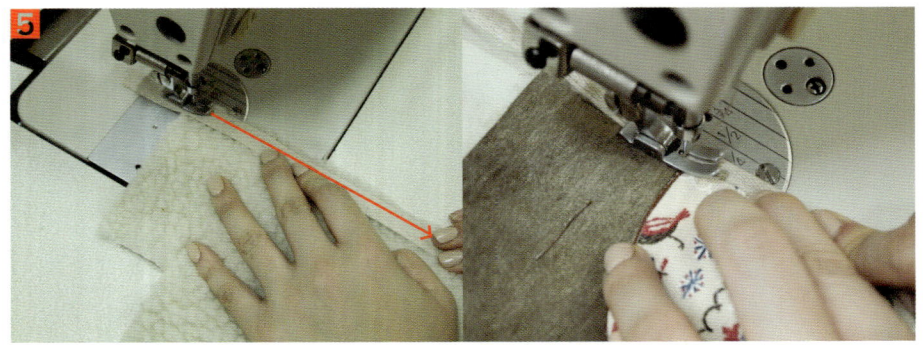

5 덮개를 단 본판 윗부분에 린넨 테입을 두릅니다.

 Tip

무스탕 원당 등 올풀림이 없는 원단에서 상침으로 박음질할 때는 0.2cm의 시접을 둡니다.

본판 가방 만들기

1 옆 연결고리를 본판에 답니다(실물본 위치 참조).

2 본판 양쪽 옆면의 안끼리 맞대고 시접 0.2cm로 상침합니다.

3 본판 아랫부분의 중간 부분과 옆선의 아랫부분 중간을 맞추어 안끼리 맞대고 시접 0.2cm로 상침합니다(맞춤점은 실물본 위치 참조).

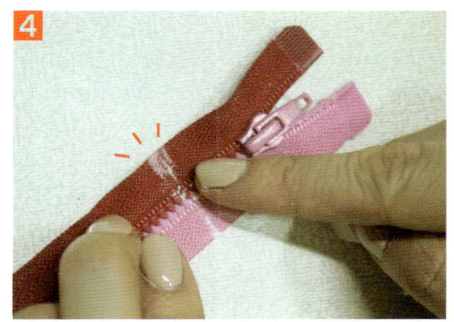

4 가방의 지퍼 달 부분의 시작 지점과 지퍼의 시작점을 초크로 도시합니다.

5 지퍼 쪽을 고정하기 위해 지퍼와 가방 연결 부분에 린넨 테입을 붙이고 가방 표시점과 지퍼의 표시점을 잘 맞춥니다.

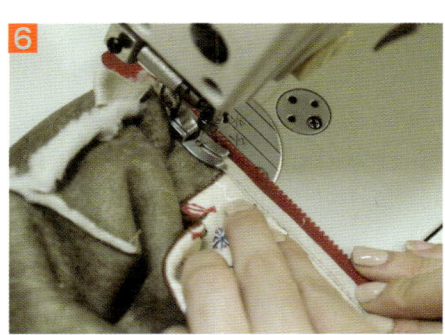
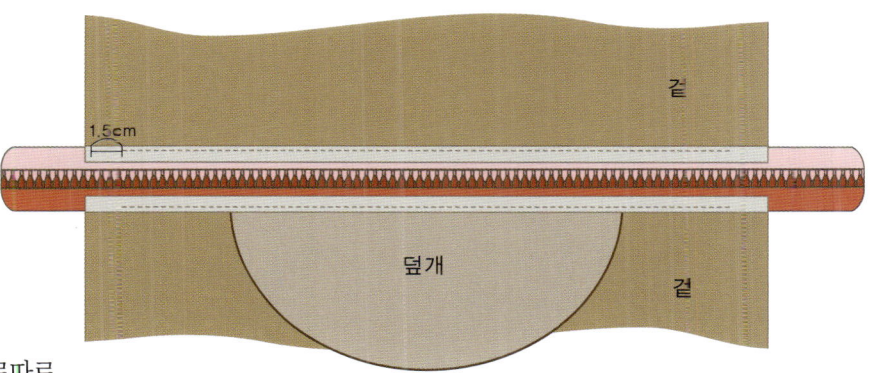

6 지퍼를 열어 양쪽 끝에서 1.5cm 띄우고 따로따로 박음질합니다(일러스트 참조).

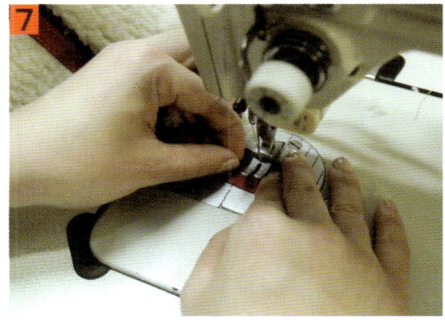

7 따로 박은 양쪽 지퍼를 모아 박음질합니다.

8 사진처럼 가방 안쪽 아래로 지퍼를 꺾어 박음질하여 고정합니다.

장식과 단추 달기

1 도토리 모티브를 덮개 겉면에 위치를 정하고 답니다.

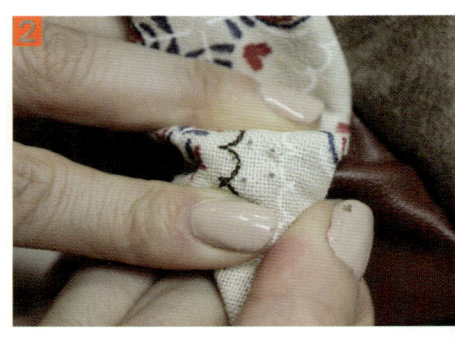

2 덮개 중앙에 가시도트 앞쪽을 달고 이를 기준으로 가방 본판에 가시도트 안쪽을 답니다(실물본 위치 참조).

3 덮개에 장식 단추를 달아 꾸밉니다.

크로스 끈 매듭짓기

옆 연결고리에 사진처럼 매듭하여 걸이용 끈을 묶습니다.

F/W no 10. 도토리 무승탕 백

F/W no 11.
리버시블 팬츠
따뜻하게 입힐 수 있도록 두 겹의 리버시블 팬츠로 만들었습니다. 두 가지 색상으로 스타일링 할 수 있어 일석이조이지요. 차가운 바람도 막아 주고 오늘은 초록, 내일은 블루~, 아이들도 입으며 좋아합니다.

재료 준비

1 블루 앞판 대칭 2장, 그린 앞판 대칭 2장, 블루 뒤판 대칭 2장, 그린 뒤판 대칭 2장 **2** 밑단 바이어스 2장, 고무줄(41p 참조), 허리 시보리 1장, 블루 날개 대칭 4장, 그린 날개 대칭 4장, 그린 쪽주머니 1장, 블루 쪽주머니 2장, 장식 단추 6개

원단 소요량 - 1마~2마(사이즈에 따라 차이가 있습니다) | 주 원단의 종류 - 해지면(20수 정도의 평직면 원단)

부분과 설명

리버시블 팬츠의 장점은 따뜻하게 입히면서도 두 가지 색으로 바꾸어 입힐 수 있는 것입니다. 아이에게는 재미있는 놀이가 되고 엄마에게는 실용적인 아이템이 될 수 있습니다.

부속 준비하기
옷을 만들 때 주머니나 카라 등 부속 부분을 먼저 준비해 두면 옷 만들기가 훨씬 쉽습니다.

날개 만들기

1 날개의 겉과 겉을 맞대고 굴곡 부분을 시접 0.5cm로 박음질합니다.

2 블루 날개 2장, 그린 날개 2장을 1 과정으로 모두 만듭니다.

3 날개의 직각 모서리 부분을 잘라 모서리를 정리합니다.

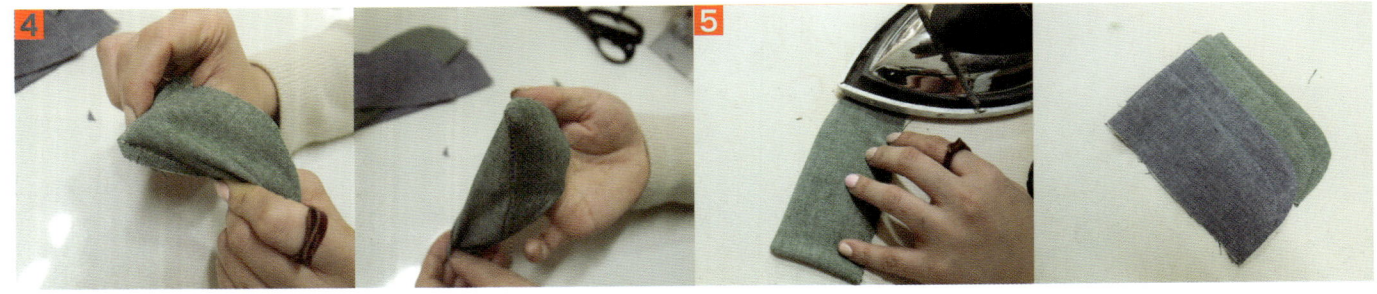

4 뒤집을 때 사진처럼 모서리 끝부분을 손톱 끝으로 꼭 잡고 뒤집어야 모서리 끝부분이 뭉개지지 않고 뾰족하게 잘 나옵니다.

5 날개 4장 모두를 잘 다립니다.

주머니 만들기

6 체크무늬 주머니의 윗부분을 오버록 친 후, 1cm 접어 박음질한 뒤 윗부분을 제외한 3곳을 1cm 간격으로 접어 다립니다.

7 별무늬 주머니도 윗부분을 오버록 친 후, U자 모양 주머니 종이틀에 맞춰 송곳으로 꺾어 눌러 다립니다(토이 니트 베스트 참조).

본판 작업하기

밑위 박기

1 본판 앞뒤 밑위를 앞판의 겉끼리, 뒤판의 겉끼리 맞대고 박음질합니다(리버시블이라 작업이 두 배입니다).

2 본판의 앞과 뒤 모두 겉면에 박음질 선을 따라 간격 없이 상침합니다.

주름 잡기

3 주름 넣을 위치어 사진처럼 가위집을 넣어 닷춤점을 표시합니다(실물본 위치 참즈).

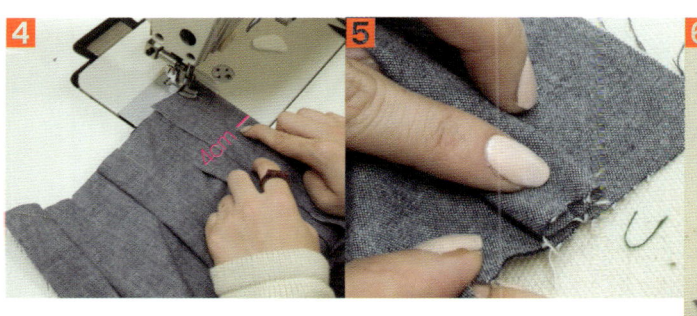

4 맞춤점에 맞추어 겉쪽으로 접은 후, 표시한 곳(아래로 4cm)까지 1cm 간격을 두고 박음질합니다.

5 사진처럼 눌러 접은 후, 위쪽을 살짝 박아 둡니다(고정 역할만 하는 것입니다).

6 앞쪽 4군데 모두 위와 같이 작업하여 다린 모습입니다.

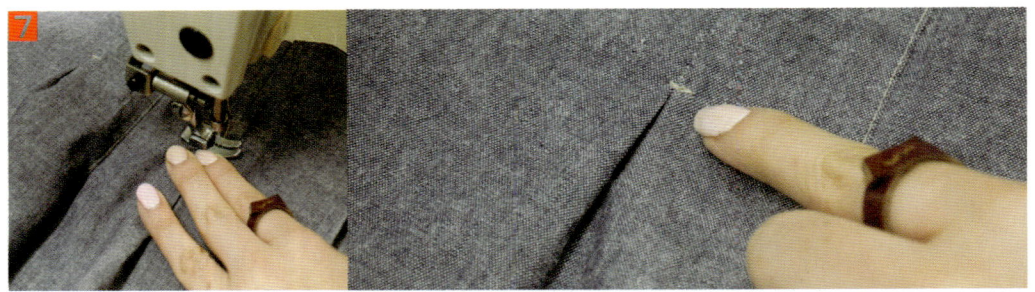

7 주름박은 끝부분에 한땀~한땀~박음질합니다(바늘을 앞뒤로 오가며 3회 반복합니다).

날개 달기

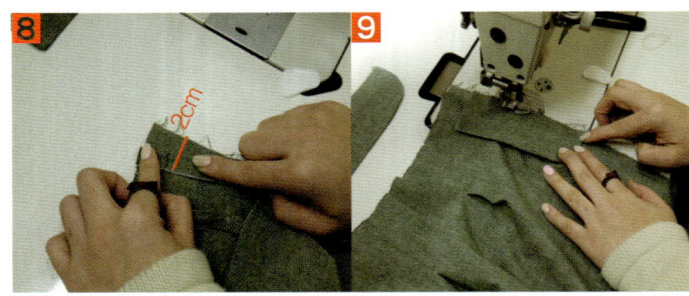

8 날개 달 위치(실물본 위치 참조)를 초크로 표시합니다(양쪽 대칭을 맞춰 주는 것이 포인트).

9 표시점을 기분으로 준비된 날개를 색상에 맞게 답니다(박음질 시접 간격 0.5cm-노루발 1개 너비).

주머니 달기

10 주머니 위치를 정합니다(실물본에 표시된 위치 참조).

11 위치에 맞게 주머니를 올리고 간격 없이 상침합니다.

| 옆선 박기 | 밑아래 박기 | 다림질하기 | 바지 합치기 |

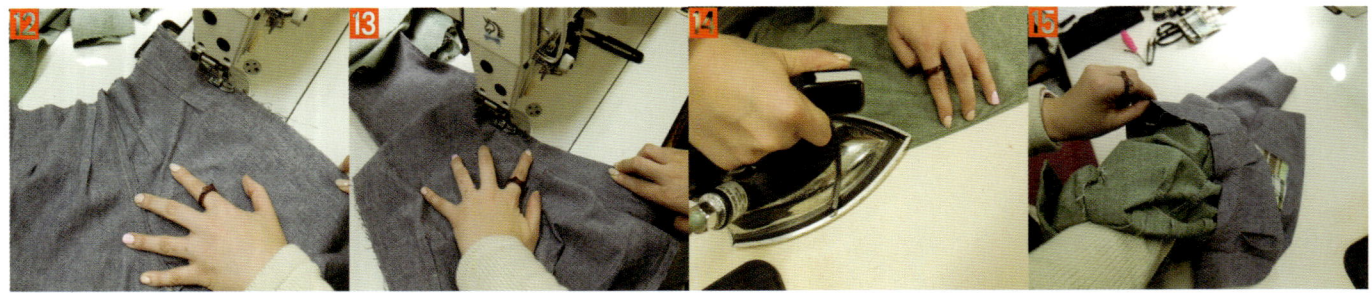

12 같은 색끼리 바지 앞뒤판을 겉끼리 맞대고 시접 1cm로 옆선을 박음질합니다.

13 블루와 그린 모두 바지끝과 밑아래 중심을 잘 맞추어 밑아래를 시접 1cm로 박음질합니다.

14 옆선과 밑아래를 정돈하여 다립니다(박음질 선이 안쪽으로 겹치지 않게 잘 다립니다).

15 사진처럼 블루의 안과 그린의 안을 맞대어 바지를 넣어 줍니다.

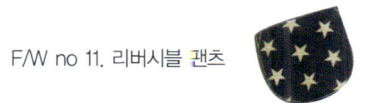

허리, 바지 아랫단 연결하기

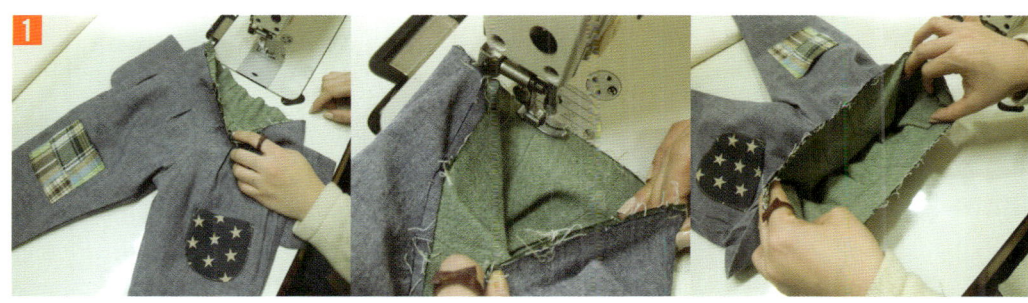

1 허리 부분을 시접 0.5cm로 박음질하여 연결합니다.

2 블루와 그린의 아랫단을 고르게 잡고 시접 0.5cm로 박음질하여 연결합니다.

밑단, 허리 바이어스 두르기

1 밑단 바이어스를 겉끼리 맞대고 박음질합니다.

2 바지 아랫단과 밑단 바이어스 겉부분을 안쪽으로 맞닿게 하여 고르게 잡고 시접 0.5cm로 박음질한 후, 바이어스를 꺼내어 놓습니다.

3 밑단 바이어스 끝을 0.5cm 간격으로 접은 후, 블루 바지 겉면 박음질된 선까지 다시 접어 올려 안쪽으로 박음질합니다.

4 이 작품의 허리 부분은 시보리 원단이라 잘 늘어나므로 시보리 바이어스의 둘레를 본판의 허리보다 70% 정도 작게 자릅니다. 이후 겉끼리 맞대고 박음질하여 원통형을 만듭니다.

5 원단을 고르게 잡고 0.5cm 간격으로 박음질한 후 접어 올려, 블루 본판 겉부분 박음선에 맞추어 상침합니다(박음질 시작 지점은 허리 뒷부분에서 시작합니다. 이때 뒷부분에 고무줄 넣어 줄 창구멍을 5cm 정도 남기고 박음질합니다).

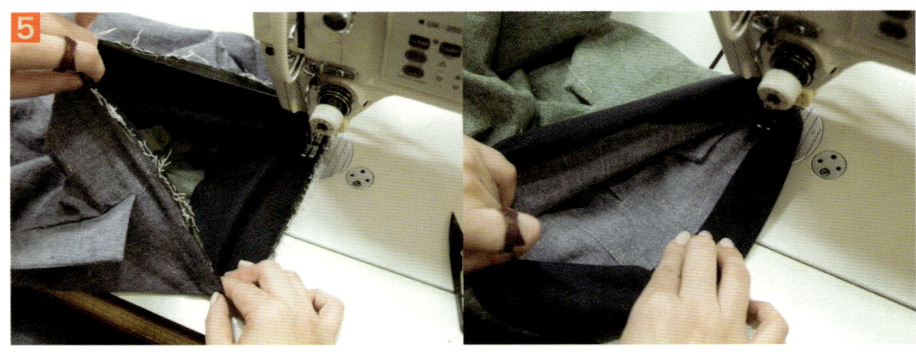

6 허리 바이어스를 눌러 다려 고무줄 넣을 때 꼬이지 않도록 합니다.

고무줄 넣고 단추 달기

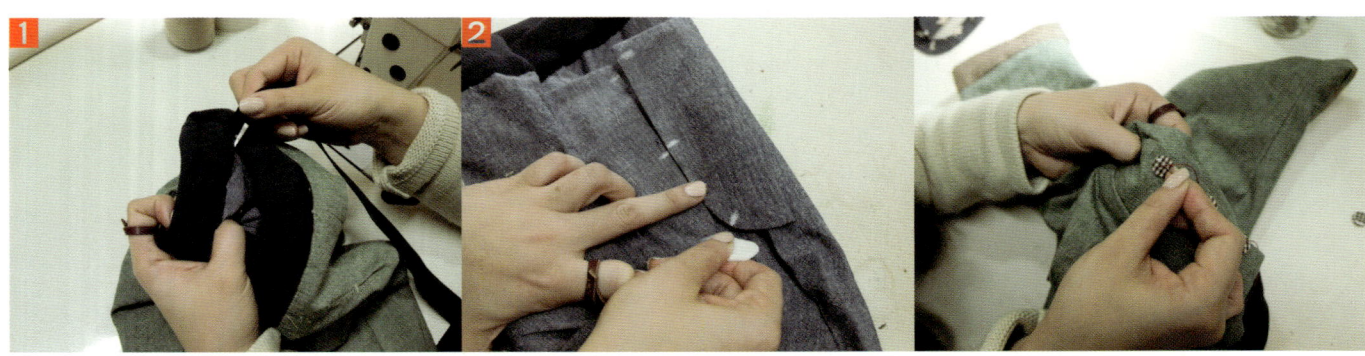

1 창구멍으로 고무줄을 넣은 후, 창구멍을 막습니다.

2 블루와 그린 날개 부분의 단추 달 위치에 초크로 표시하고 단추를 답니다(실물본 위치 참조). 전체적으로 살짝 다리면 좀 더 완성도를 높일 수 있습니다.

F/W no 11. 리버시블 팬츠

F/W no 12.
리버시블 베스트

보글보글 양모 덤블링 원단과 누빔 원단으로 만든 두 가지 스타일의 조끼입니다. 조끼는 인기 있는 아이템이지만 크는 아이에게 한 번에 두 벌씩 사 주기는 쉽지 않죠. 두 가지 스타일을 한 벌로~ 더욱 따뜻하게 입힐 수 있는 리버시블 베스트를 추천합니다.

재료 준비

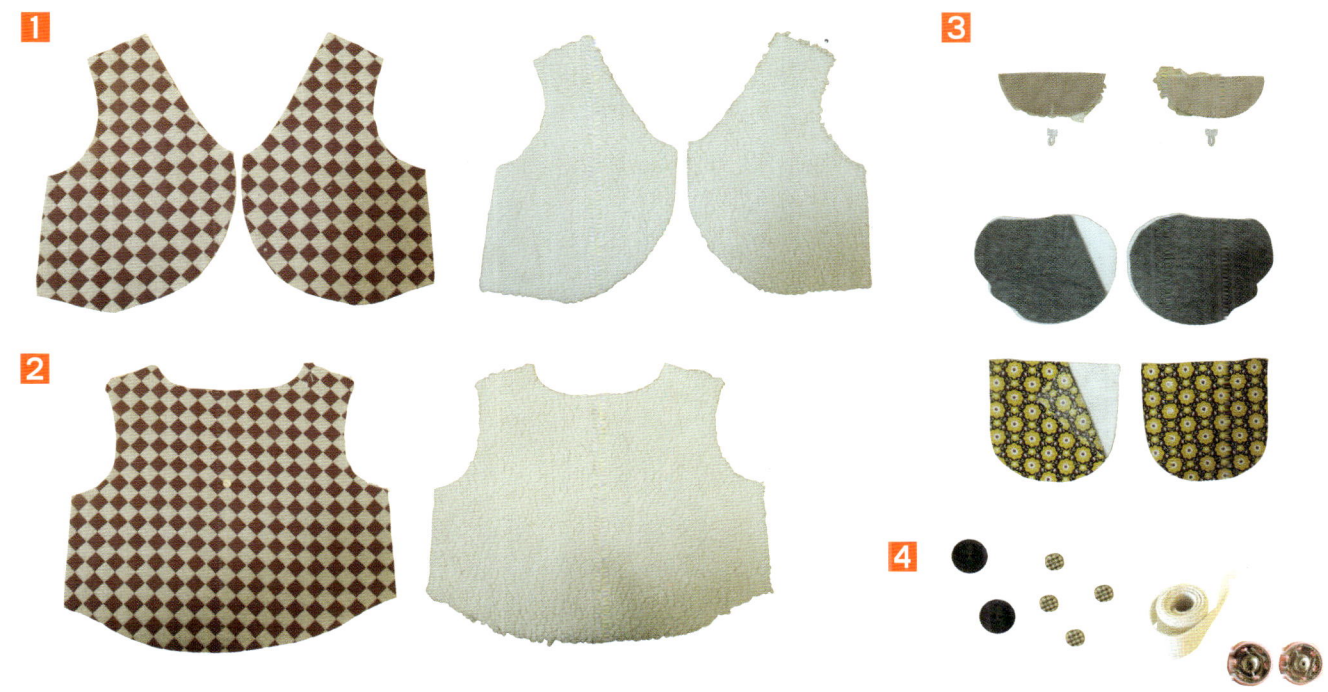

원단 소요량 - 후라이스 누빔지 1/2~1마, 덤블링 원단 1/2~1마(사이즈에 따라 차이가 있습니다)

원단의 종류 - 덤블링(모헤어 원단의 한 종류로 보글보글 엉키는 효과를 준 털 원단), 후라이스 누빔(후라이스와 후라이스 사이에 솜이나·후라이스 원단을 덧대어 박음질한 원단)

1 앞판 대칭 4장(겉감, 안감) **2** 뒤판 2장(겉감, 안감) **3** 주머니 뚜껑 2장, 단춧고리 테입 2개, 날개 주머니 대칭 4장, 주머니 2장(날개 주머니와 주머니 각 하나씩은 퀼팅 접착솜을 붙입니다) **4** 장식 단추(큰 것 2개, 작은 것 4개), 스넵 단추 1쌍, 장식 테입

부분과 설명

앞편의 리버시블 팬츠에 리버시블 베스트로 코디해 보았어요. 정말 완벽하게 안과 겉이 구분 없는 100% 리버시블로 다양한 스타일을 연출해 보세요.

주머니 만들어 달기

1 퀼팅 접착솜을 붙여 놓은 쪽과 붙이지 않은 쪽(대칭)을 겉끼리 맞대고 시접 0.5cm로 박음질합니다. 이때 창구멍을 2cm 정도 남겨 뒤집기 합니다.

HaRoo Tip

두 겹을 겹쳐서 주머니를 만들 때에는 딱딱한 종이에 주머니 모양을 그려 오린 후, 원단 위에 놓고 모양 그대로 따라 그려 그 모양대로 박음질하면 원형 그대로 주머니를 만들 수 있습니다.

2 뒤집은 날개 주머니를 모양을 잘 잡아 다린 후, 안쪽에 사진처럼 날개 모양을 그리고 그 모양대로 상침합니다.

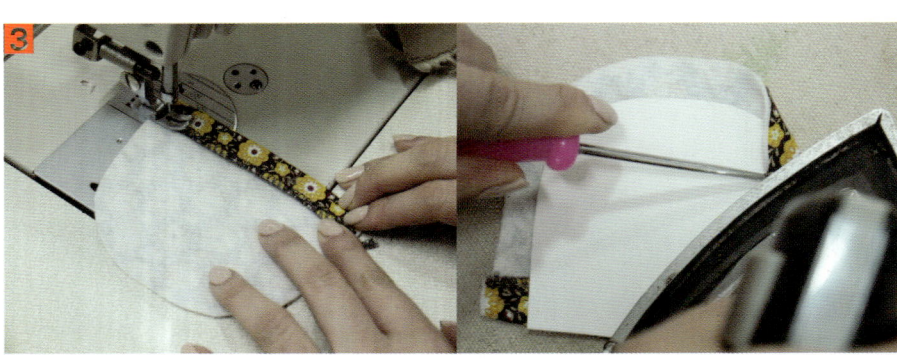 

3 겉감 쪽에 달 주머니는 주머니 윗부분을 오버록 친 후, 1cm 접어 박음질합니다. 이후 주머니 모양으로 만들어 둔 딱딱한 종이를 사진처럼 놓고 안쪽으로 꺾으면서 다림질합니다.

4 주머니 뚜껑은 간격 없이 상침하면서 단춧고리 테입을 가운데 끼워 같이 박음질합니다.

5 앞판 겉감에 주머니 달 위치를 잡고 작업한 주머니를 올린 후, 간격 없이 상침합니다(실물본 위치 참조). 앞판 안감에는 날개 주머니를 답니다.

*편의상 후라이스 원단 쪽을 겉감으로, 덤블링 원단 쪽을 안감으로 정합니다.

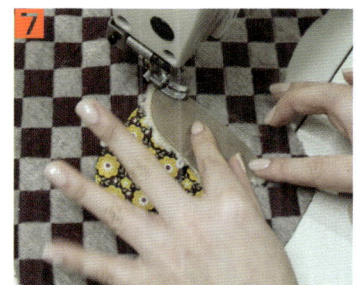

6 앞판 겉감의 주머니 뚜껑 달 위치에 선으로 긋습니다 (실물본 위치 참조).

7 주머니의 뚜껑을 상침합니다.

뒷면 주름 잡기

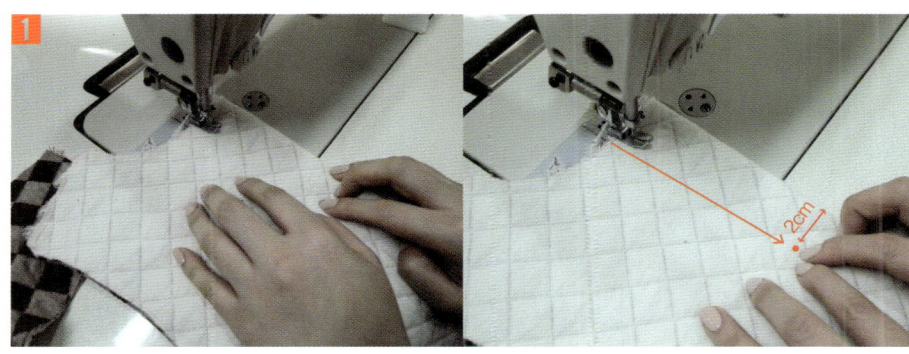

1 뒤판 겉감의 안쪽 면으로 반을 접고 2cm 간격을 두고 표시된 위치(실물본 위치 참조)까지 박음질합니다

2 사진처럼 0.7cm 정도 시접을 남기고 자릅니다.

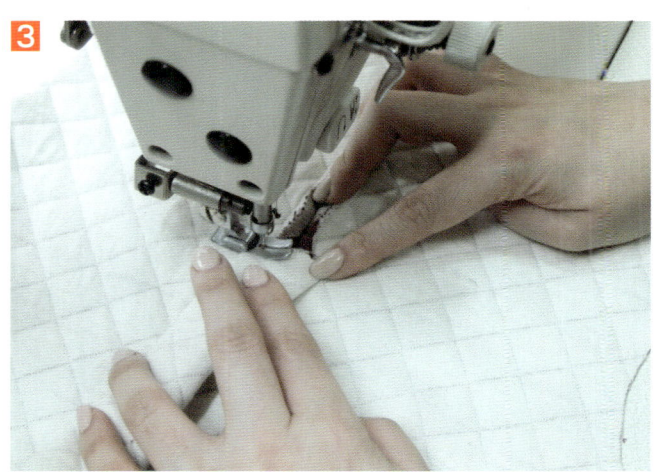

3 자른 부분을 반으로 가름솔한 후, 두 겹으로 접히는 박음질 선 끝부분을 눌러 박음질합니다.

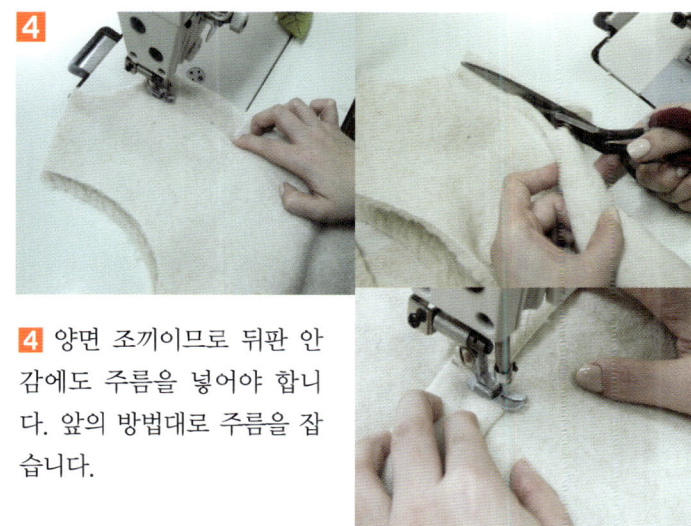

4 양면 조끼이므로 뒤판 안감에도 주름을 넣어야 합니다. 앞의 방법대로 주름을 잡습니다.

어깨 연결하기

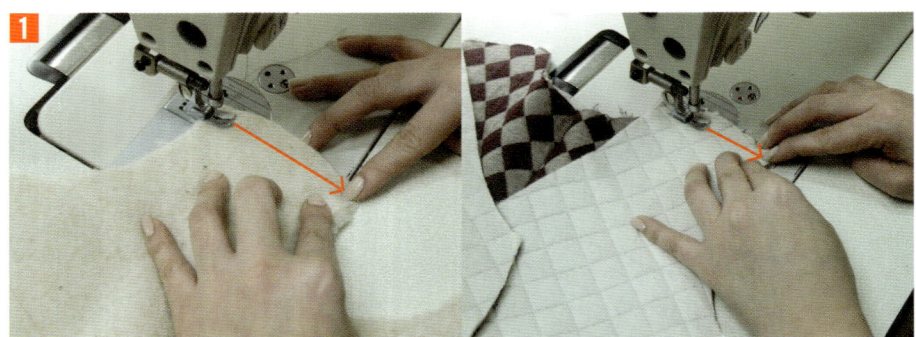

1 겉감과 안감의 어깨 부분을 겉끼리 맞대고 시접 1cm로 박음질합니다.

2 연결한 어깨의 시접을 가름솔하여 다림질합니다.

3 겉감과 안감의 뒤판 주름도 가름솔하여 다림질합니다.

본판 연결하기

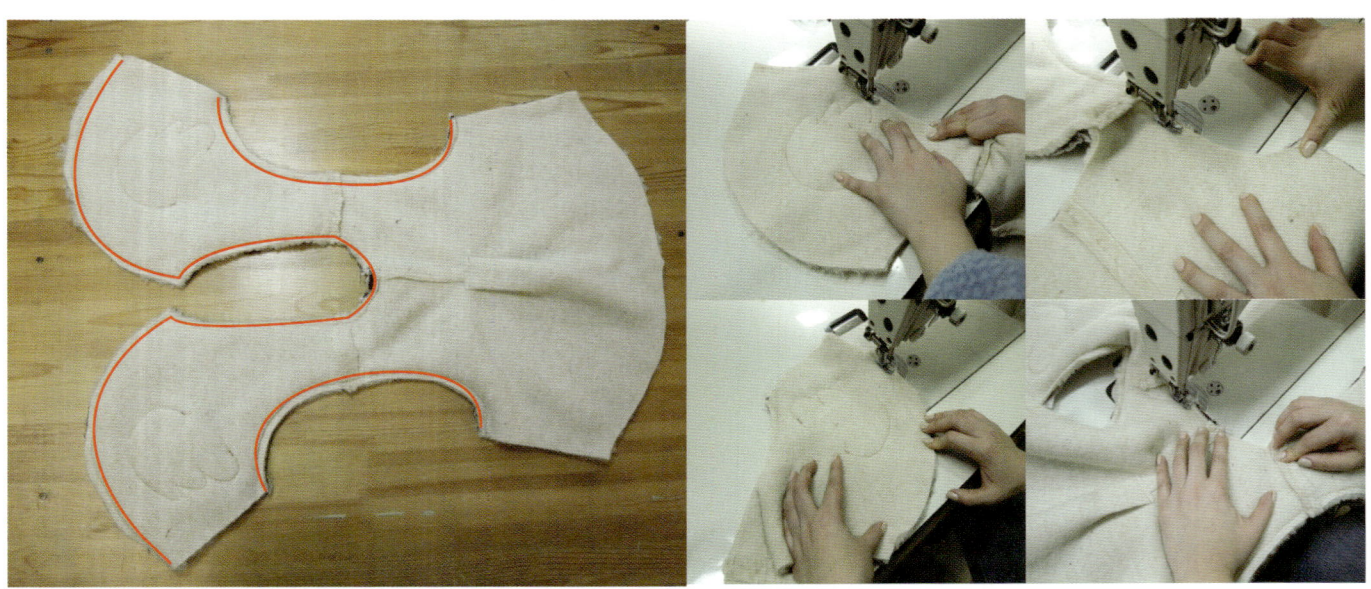

어깨를 연결한 겉감과 안감을 펼쳐 겉끼리 맞대고 진동둘레를 박음질합니다. 이어서 앞판을 박음질합니다(사진에 표시된 바느질 선을 확인하세요).

뒤집기

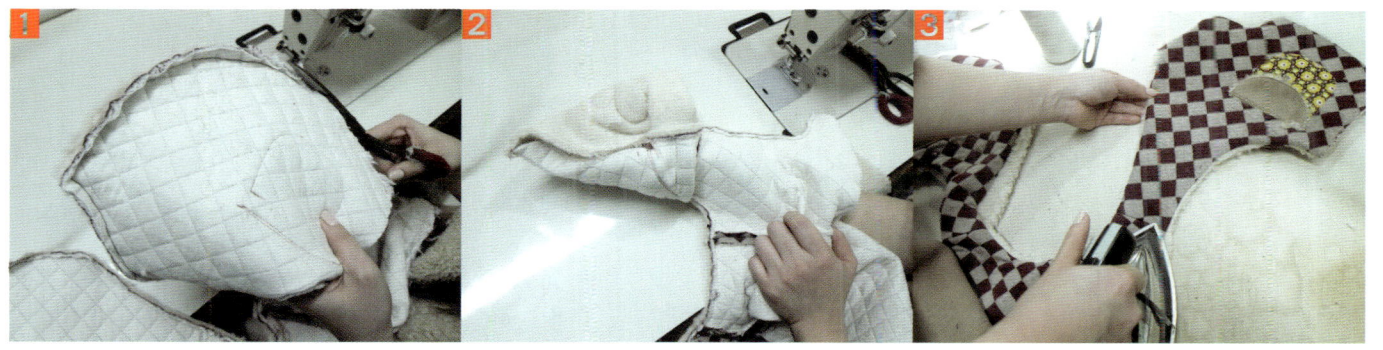

1 박음질 선에서 0.5cm 남기고 시접을 고르게 자릅니다.

2 뒤판 밑단으로 손을 넣어 앞판을 손가락으로 걸어 뒤집습니다.

3 다림질하여 옷의 형태를 잡습니다.

뒤판 밑단, 옆선 연결하기

1 사진과 같이 두판 밑단을 겉끼리 맞대고 박음질합니다. 뒤판 밑단을 겉끼리 맞대려면 앞판은 안쪽으로 들어가 사진처럼 만두 모양이 되어야 합니다.

2 앞 작업이 끝나면 사진처럼 옆선 부분이 원통형으로 남습니다.

3 옆선 한쪽에 창구멍 8~10cm를 둡니다.

4 진동 끝점과 밑단 옆선 끝 쪽을 잘 맞추어 잡고 사진과 같이 박음질합니다. 원통형으로 박음질할 때는 원통형의 안쪽으로 박음질하는 것이 빠르고 편합니다.

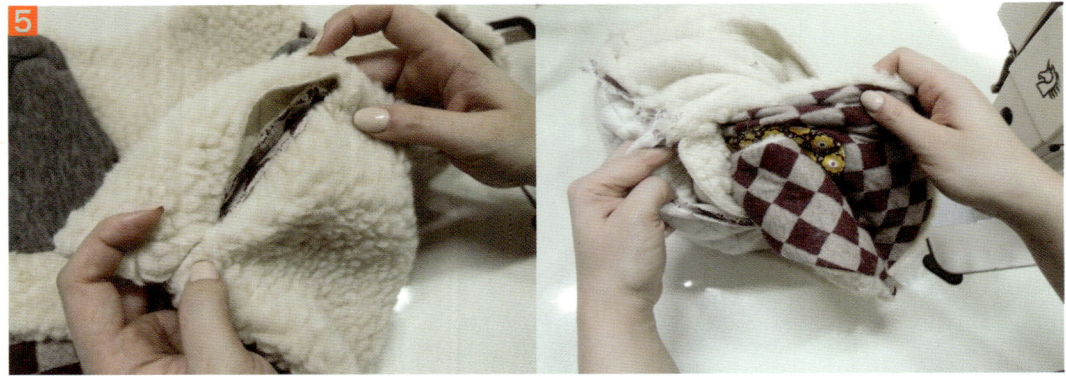

5 3 과정에서 남겨 두었던 창구멍으로 뒤집습니다.

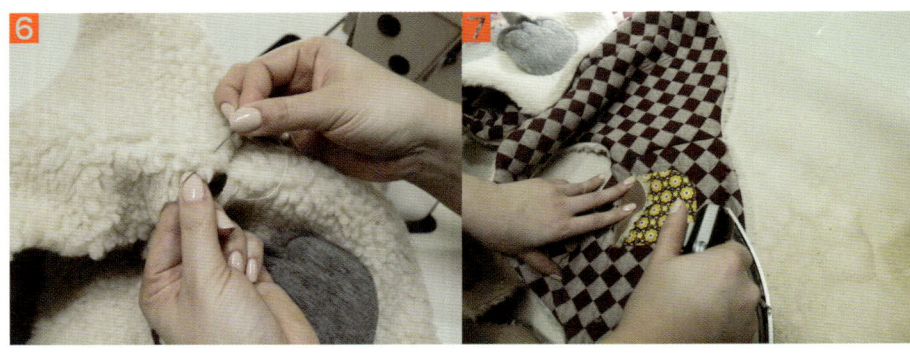

6 창구멍을 공그르기하여 막습니다.

7 전체적으로 박음질된 부분을 차분하게 다립니다.

8 겉감 앞판 여밈 부분에 스냅 단추를 답니다(실물본 위치 참조).

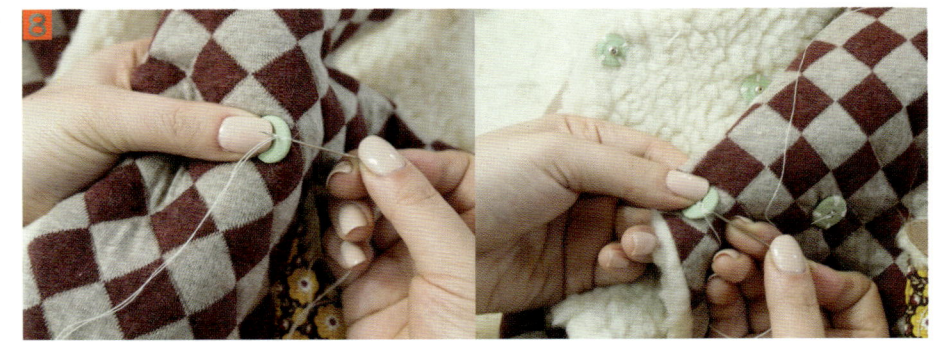

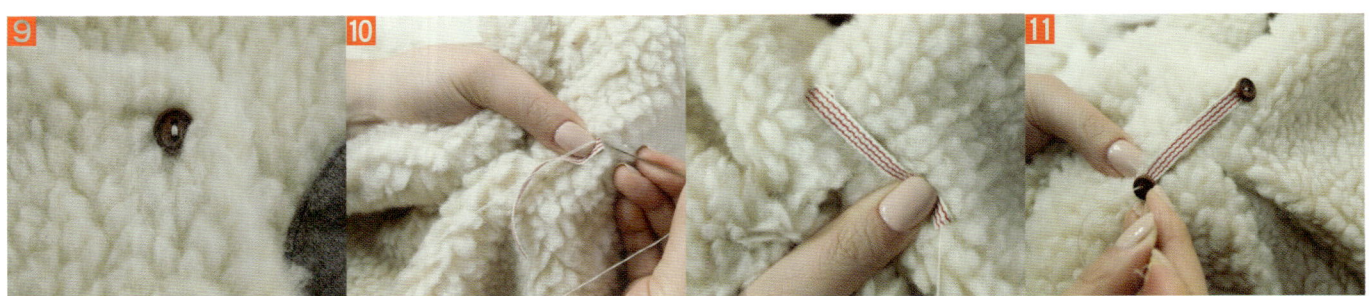

9 앞판 안감에 장식 단추를 답니다.

10 뒤판 안감 주름 끝부분에 린넨 테입을 장식합니다.

11 린넨 테입 끝부분에 양쪽에 장식 단추를 답니다.

F/W no 12. 리버시블 베스트

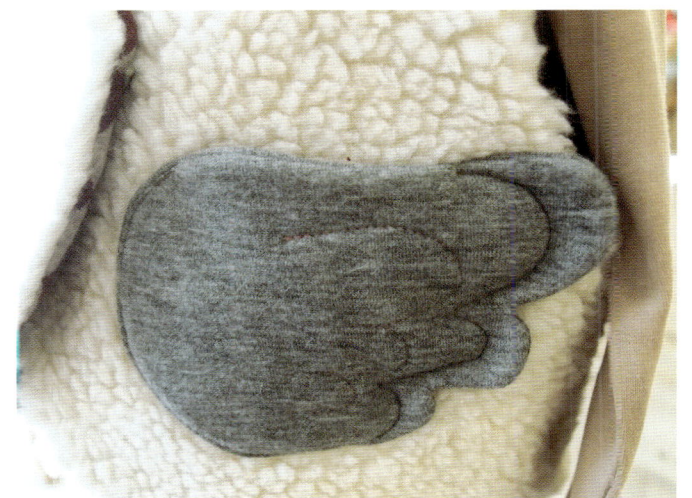

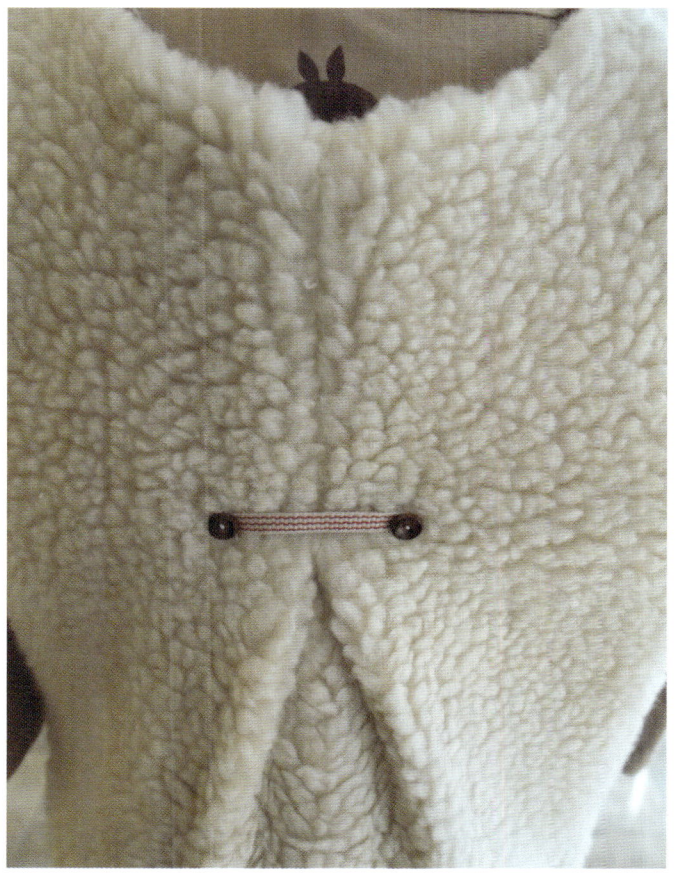

F/W no 13.

항공모자

리버시블 베스트와 같은 라인으로 디자인한 항공모자예요. 개구쟁이 남자아이들에게도 유니크한 스타일을 좋아하는 여자아이에게도 모두 잘 어울리겠죠!

재료 준비

원단 소요량 - 후라이스 누빔지 1/4마 내외, 덤블링 원단 1/4마 내외, 오가닉 타월지 1/4마 내외(사이즈에 따라 차이가 있습니다)

주 원단의 종류 - 덤블링, 후라이스 누빔

1 모자 옆면 대칭(겉감, 안감) 각 2장 2 모자 가운데 부분(겉감, 안감) 각 1장 3 앞창 1장 4 여밈끈(겉감, 안감) 각 1장 5 귀마개 4장 6 스냅 단추 1쌍, 장식 단추 1개, 방울솜(넉넉히 준비해 주세요)

부속 준비하기

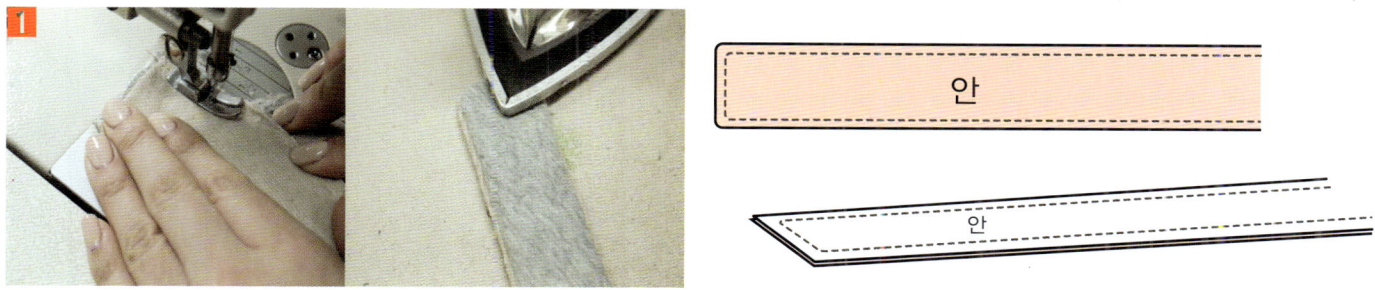

여밈끈 만들기
1 여밈끈 겉감과 안감의 겉끼리 맞대고 뒤집는 부분을 제외한 모든 부분을 박음질한 후, 다립니다.

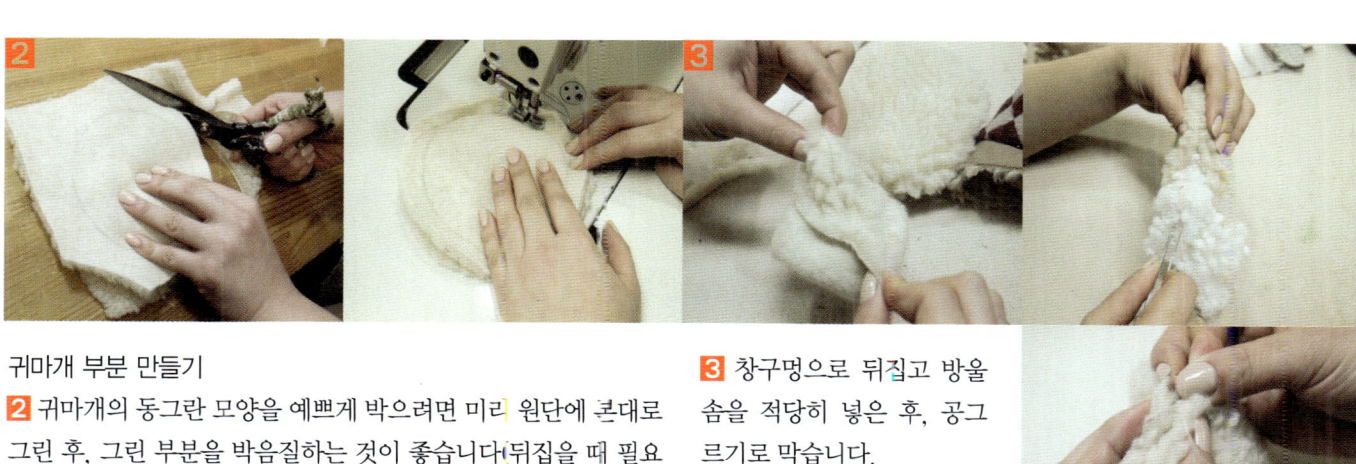

귀마개 부분 만들기
2 귀마개의 동그란 모양을 예쁘게 박으려면 미리 원단에 본대로 그린 후, 그린 부분을 박음질하는 것이 좋습니다(뒤집을 때 필요한 창구멍 3cm 정도를 남기고 박음질합니다).

3 창구멍으로 뒤집고 방울솜을 적당히 넣은 후, 공그르기로 막습니다.

모자 본판 박음질하기

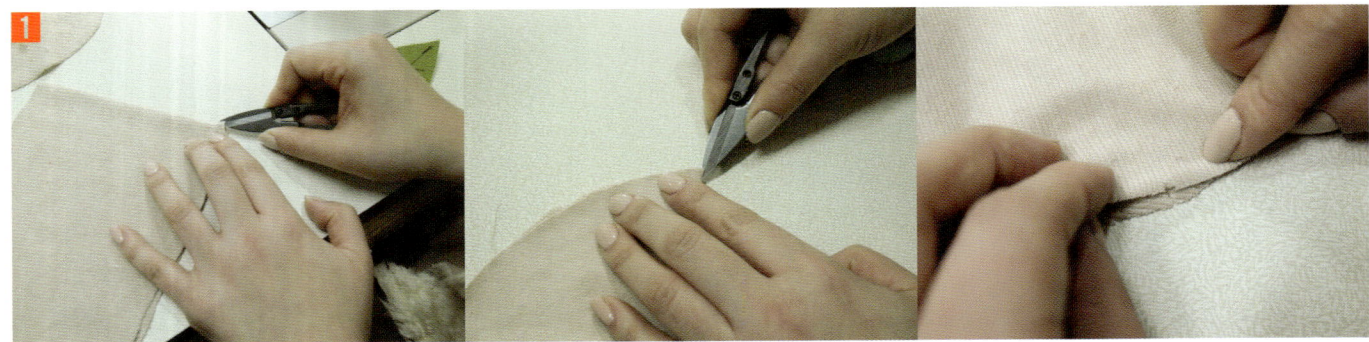

1 모자 옆면의 박음질할 라인을 반으로 접어 맞춤점을 표시하고(2장 모두), 모자 가운데 부분도 반을 접어 양쪽에 맞춤점을 표시합니다. 안감도 동일한 작업을 합니다. 실물본에 맞춤점을 표시했지만 이렇게 하면 오차를 더욱 줄일 수 있습니다.

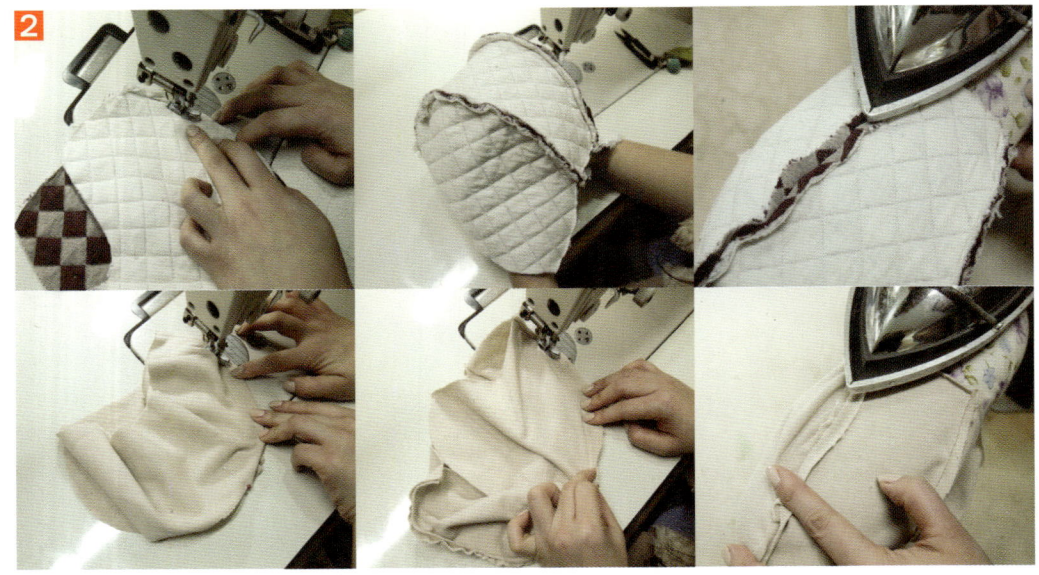

2 모자 옆면(양쪽 모두)과 가운데 부분을 겉끼리 맞대고 뒤쪽 끝에서 앞쪽 끝까지 시접 0.5cm로 박음질합니다. 이후 시접을 가름솔하고 다립니다. 안감도 같은 방법대로 작업합니다.

앞창과 여밈끈 연결하기

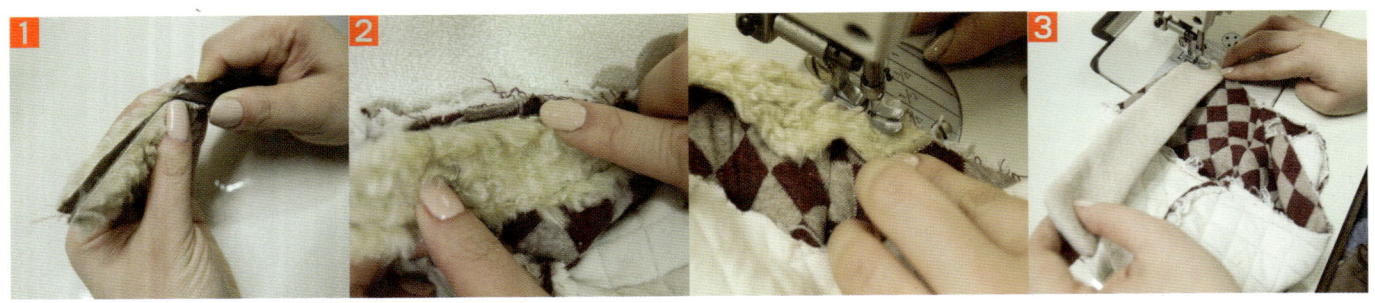

1 앞창을 반으로 접어 박음질할 라인의 중간에 맞춤점을 표시합니다.

2 모자 가운데 앞부분에도 중간에 맞춤점을 표시한 후 앞창과 맞춤점을 맞춰 겉끼리 맞대고 간격 없이 박음질하여 연결합니다.

3 여밈끈도 겉끼리 맞대어 달아야 할 위치(실물본 위치 참조)에 붙입니다.

안감과 겉감 연결하기

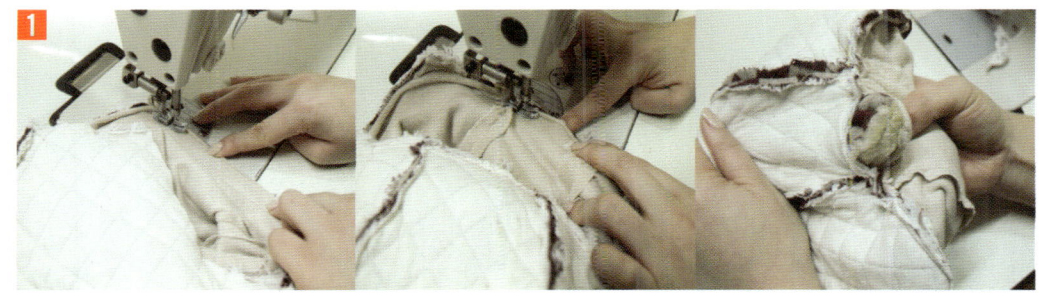

1 가운데 뒷부분에 창구멍을 남기고 안감과 겉감의 겉과 겉을 맞대어서 박음질한 후 뒤집습니다.

2 형태를 단정하게 다립니다.

3 공그르기로 창구멍을 막습니다.

귀마개 달기

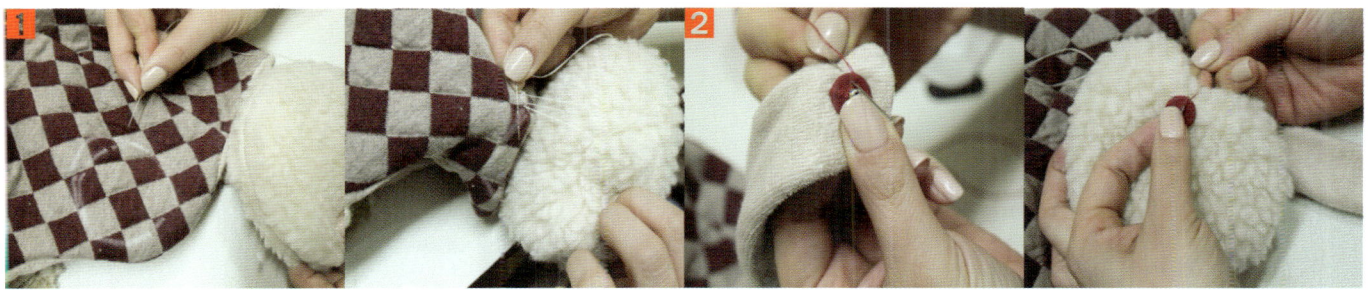

1 본판의 귀마개 달 위치(실물본 위치 참조)에 공그르기할 바느질 선을 그리고 그 선을 따라 공그르기하여 귀마개를 붙입니다.

2 여밈끈의 안감 쪽과 귀마개에 스냅 단추를 답니다(실물본 위치 참조).

3 여밈끈의 겉감 부분에 장식 단추를 답니다.

F/W no 14.

퍼프 프릴 블라우스

소녀들의 베이스 아이템 퍼프 블라우스! 기본 컬러의 티셔츠 소재로 만들어 보다 많은 코디가 가능하면서 활동적인 블라우스가 되었습니다.

재료 준비

원단 소요량 – 1매(사이즈에 따라 차이가 있습니다)
주 원단의 종류 – 후라이스(늘어짐이 있고 바느질 난이도가 높은 편입니다)

1 상의 뒤판 1장, 상의 앞판 1장, 프릴 1장 **2** 윗소매 퍼프 대칭 2장, 아랫소매 부분 2장, 목둘레 바이어스 1장(4cm 바이어스 사용 시 : 100-19cm, 110-21cm, 120-23cm, 130-25cm, 140-27cm) **3** 목둘레 레이스, 단춧고리 테입, 뒷단추

부분과 설명

주름과 레이스로 여성스러움을 살려 보아요.

프릴, 소매산, 소매둘레 주름 잡기

1 프릴 둘레가 밑단 둘레의 2배가 되게 자르고 주름 잡기를 2배로 합니다. 이때 한 번에 주름을 잡지 말고 주름을 20cm 가량 잡아 본 후, 밑단 둘레와 맞추어 보면서 주름의 간격을 조절합니다. 프릴의 둘레 길이는 본판 밑단의 둘레보다 4~5cm 정도 크게 합니다.

2 실물본에 표시된 부분에(소매산 : 진동둘레만큼, 윗소매 밑단 : 아랫소매 둘레만큼) 송곳을 이용하여 주름을 잡습니다. 이때 주름의 방향은 모두 뒤쪽으로 넘어가는 주름이 되게 잡아야 합니다. 또한 양쪽 대칭이 되게 주름 잡습니다.

윗소매 퍼프와 아랫소매 연결하기

윗소매 퍼프와 아랫소매를 겉끼리 맞대고 시접 1cm로 박음질한 후, 오버록 칩니다.

뒷트임 바이어스 두르기

1 뒤판 안쪽 면과 바이어스 겉면을 맞대어 트임선에 맞추어 시접 0.5cm로 박음질합니다.

2 뒤판 겉면으로 바이어스를 접어 올린 후, 간격 없이 상침합니다.

어깨 연결하기

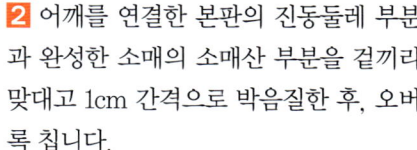

1 앞판의 겉과 뒤판의 겉을 닿대어 어깨부분을 시접 1cm로 박음질한 후, 오버록 칩니다.

2 어깨를 연결한 본판의 진동둘레 부분과 완성한 소매의 소매산 부분을 겉끼리 맞대고 1cm 간격으로 박음질한 후, 오버록 칩니다.

옆선 박기

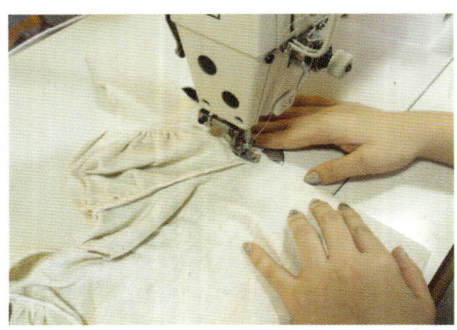

소매단 끝에서 본판 밑단 끝까지 옆선을 시접 1cm로 박음질합니다.

밑단에 밑단 프릴 달기

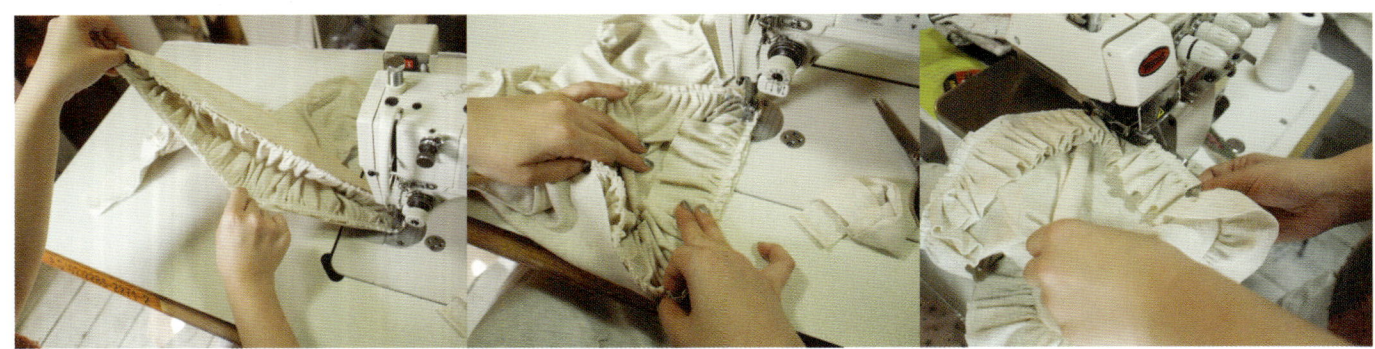

본판의 겉과 밑단 프릴의 겉을 맞대어 사진처럼 고르게 잡고 시접 1cm로 박음질한 후, 오버록 칩니다.

소매 말아 박기

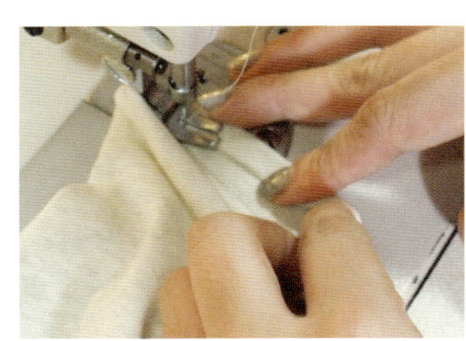

양쪽 소매를 1cm 말아 박기합니다.

목둘레 레이스와 바이어스 두르기

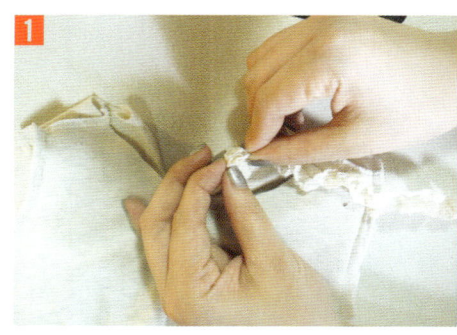

1 레이스는 두 번 접어 올이 풀리지 않게 한 후 목둘레의 뒷트임 끝부분에서 시작해서 목둘레 전체에 레이스를 답니다. 이때 목둘레와의 시접은 0.2cm로 합니다.

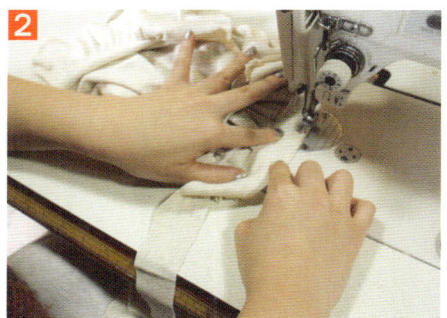

2 같은 방법으로 목둘레 바이어스를 두릅니다.

3 바이어스 두르기가 끝나는 지점(반대쪽 뒷트임 끝부분)에서 단춧고리 테입을 끼워 마무리합니다.

다림질과 뒷여밈 단추 달기

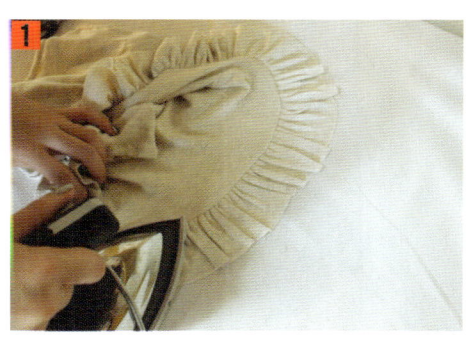
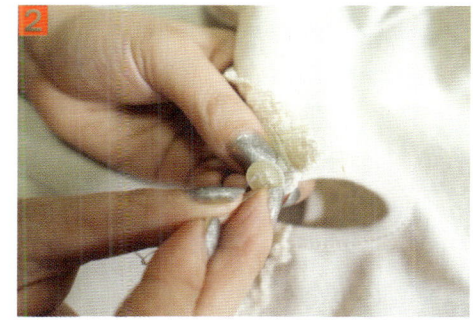

1 박음질 선을 중심으로 다림질하여 완성도를 높입니다.

2 단춧고리 테입을 단 반대쪽 뒷트임 끝부분에 단추를 답니다.

F/W no 15.
이야기 점프 원피스
끄적끄적 손그림을 그리고 그 그림을 소녀의 원피스 위에 살포시 올려 놓으면 하나의 멋진 작품이 탄생합니다. 검정색으로 절제된 원피스 라인에 올려 놓은 귀여운 모티브들. 아이의 옷장 속에 베스트 아이템으로 자리 잡겠지요.

재료 준비

원단 소요량 - 겉감 1마, 안감 1마(사이즈에 따라 차이가 있습니다)
주 원단의 종류 - 분또(편성물의 일종으로 신축성이 있으며, 자켓이나 스커트 팬츠 등 다양하게 사용됩니다)
1 모티브들(아이스크림, 화분, 컵, 고양이) 2 앞판 겉감 1장 3 뒤판 겉감 대칭 2장 4 앞판 안감 1장, 뒤판 안감 대칭 2장 5 안단 윗판 1장, 안단 뒤판 대칭 2장, 뒷장식(고양이 모티브, 싸개단추), 뒷단추, 단춧고리 테입 6 목둘레 장식, 수실

부분과 설명

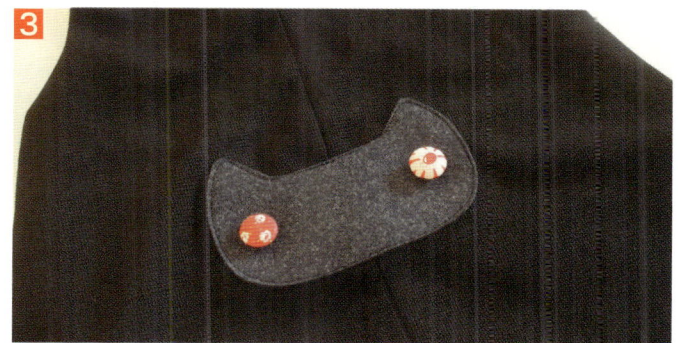

1 여밈 부분에 포인트로 단추를 달아 사랑스럽게 표현했습니다. 2 스티치와 펠트 조각을 이용해서 넥레이스 느낌으로 오브제했습니다. 3 뒤쪽 허리도 고양이 모티브와 싸개단추로 장식해 재미있는 원피스가 되게 했습니다.

앞판 겉감 모티브 달기

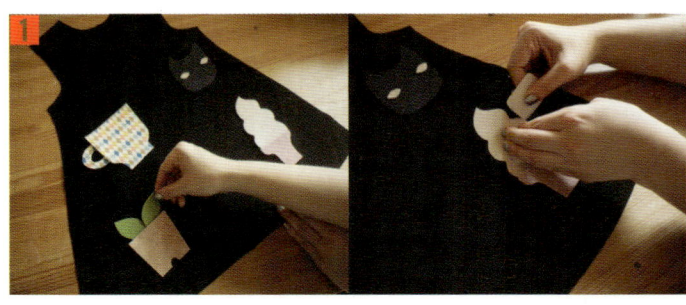 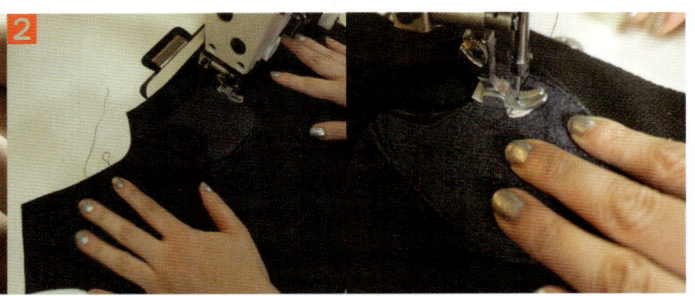

1 앞판 겉감에 모티브의 위치를 잡고 초크로 아웃라인을 그립니다.

2 아웃라인대로 하나씩 올려 놓고 테두리부터 간격 없이 박음질합니다.

 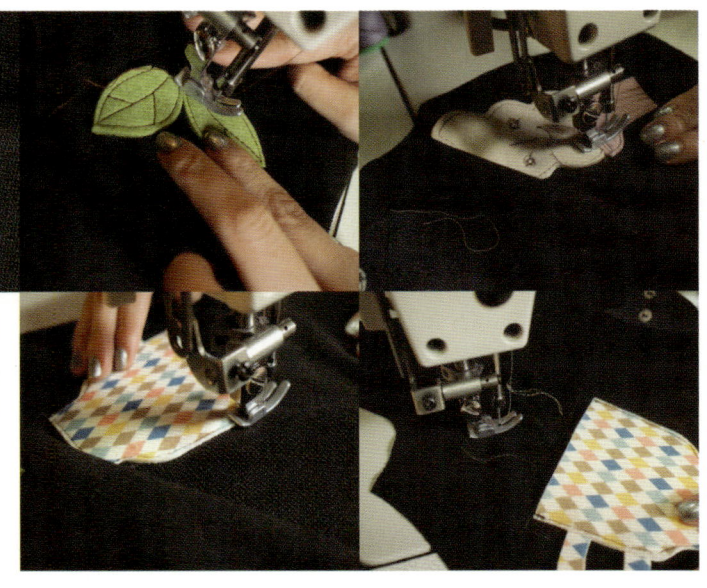

3 디테일한 부분은 박음질의 속도 조절하여 그림 그리듯 앞뒤로 박기를 합니다. 뒤로 박기와 앞으로 박기를 반복하면 수놓은 듯한 느낌을 낼 수 있습니다. 노루발을 자주 들어주면서 원단의 방향을 바꾸어 가며 작업하면 편합니다.

뒤판 겉감 연결하고 모티브 달기

1 뒤판 겉감을 겉끼리 맞대고 뒷목에서 5cm를 내려와 중심선을 시접 1cm로 박음질하여 연결합니다(실물본 위치 참조).

2 뒤판에 들어갈 모티브를 간격 없이 박음질하여 붙입니다.

안단과 안감 연결하고 가름솔하기

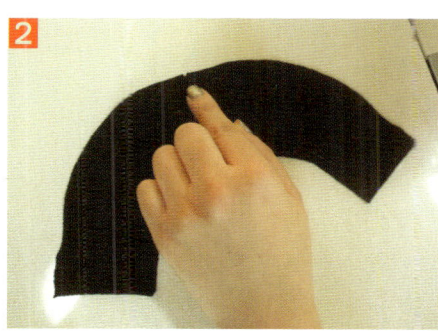

1 안감 뒤판과 안단 뒤판의 라인을 잘 맞추어 겉끼리 시접 1cm로 박음질합니다(양쪽 모두).

2 안단 앞판 중심에 맞춤점을 표시합니다.

3 앞판 안감과 안단 앞판의 라인을 잘 맞춰 시접 1cm로 박음질합니다.

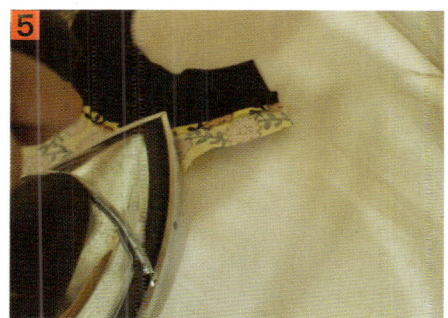

4 뒤판 겉감의 박음질한 중간 부분을 가름솔합니다.

5 앞판 안감과 안단 연결 부분을, 뒤판 안감과 안단 연결 부분을 가름솔합니다.

뒤판 안감 중심 연결하고 어깨 연결하기

1 안감도 뒷목 중심에서 5cm 아래부터 끝까지 박음질하고 가름솔합니다(실물본 위치 참조).

2 앞뒤판 안감, 앞뒤판 겉감의 어깨 부분을 겉끼리 맞대고 시접 1cm로 박음질하고 가름솔합니다.

진동둘레, 목둘레 박음질하기

1 겉감과 안감의 진동둘레 부분을 겉끼리 맞대고 시접 1cm로 박음질한 후, 시접이 0.5cm 정도 되게 잘라 다듬습니다.

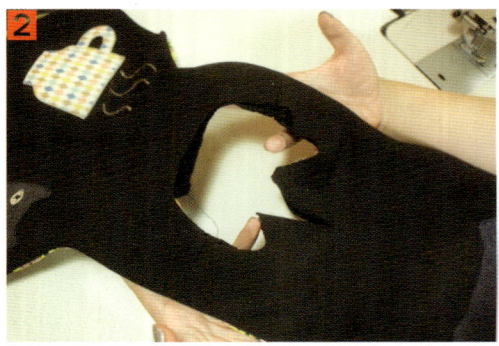

2 겉감이 앞으로 나오게 뒤집습니다.

3 치마 밑단 쪽으로 목둘레 뒷라인 부분을 빼서 사진처럼 잡아 중심을 맞춥니다.

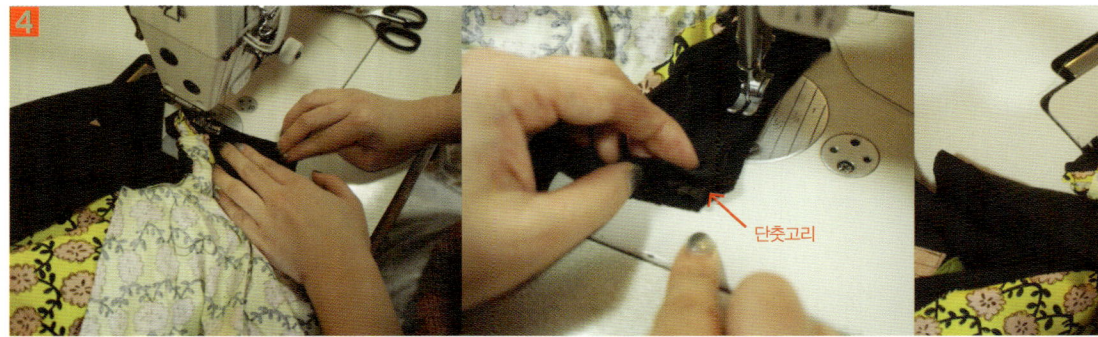

4 단춧고리 테입을 겉감과 안감 사이에 끼우고 트임 부분과 목둘레 뒷라인을 시접 1cm로 박음질합니다. 이후 가위로 시접이 0.5cm 정도 되도록 다듬습니다.

5 목둘레 앞라인도 뒷라인과 같은 방법으로 박음질한 후, 시접이 0.5cm 정도 되도록 다듬습니다.

옆선, 밑단 박고 뒤집어 창구멍 막기

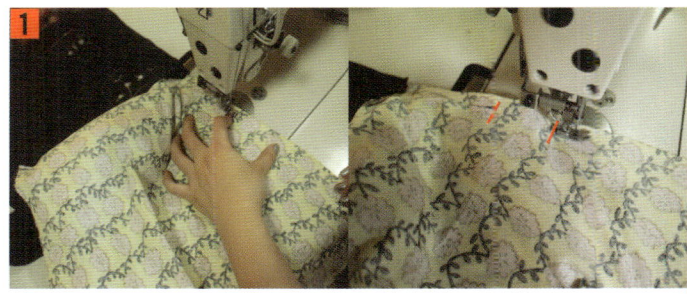

1 겉감과 안감의 연결된 옆선을 겉감은 겉감의 겉끼리, 안감은 안감의 겉끼리 맞대고 시접 1cm로 박음질합니다. 마지막에 뒤집을 창구멍 10cm를 남겨 둡니다.

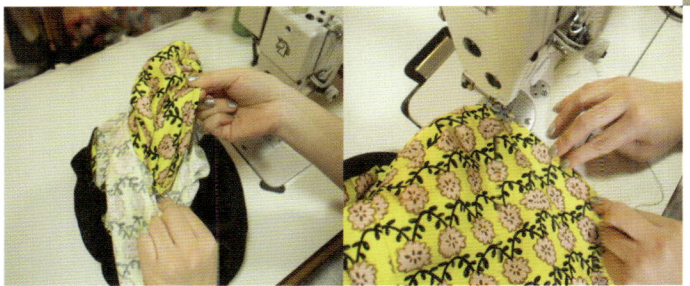

2 겉감의 겉과 안감의 속이 맞닿게 한 상태에서 밑단을 시접 1cm로 박음질합니다.

3 옆선에 남겨 놓은 창구멍으로 뒤집기를 하고 창구멍을 간격 없이 박음질하여 막습니다.

다림질과 단추 달기

1 박음질 선을 중심으로 다림질하여 모양을 잡습니다.

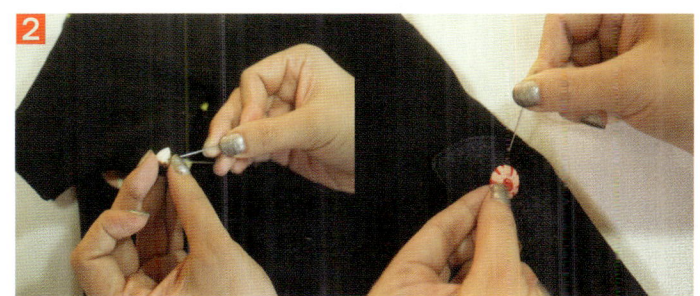

2 뒷여밈 단추과 뒷장식 단추를 답니다.

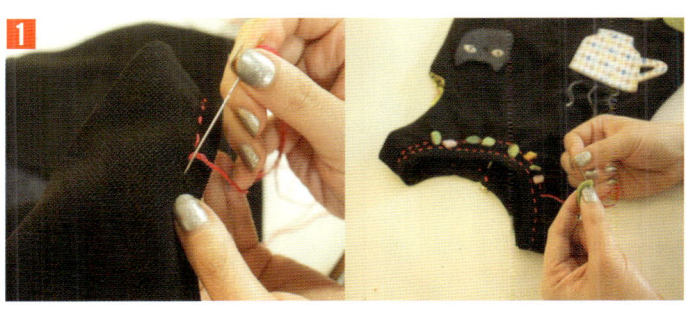

3 목둘레에 사진처럼 스티치를 자유롭게 해오다 앞쪽 목둘레 쪽에서는 나뭇잎 모양 펠트를 달아 꾸밉니다.

F/W no 16.

덴디 니트 자켓

옷을 디자인할 때 항상 염두해 두는 한 가지가 편안함이에요. 멋스럽고 단정한 연출이 가능하면서도 편안하고 활동적이어야 아이들도 좋아할 거라고 생각했어요. 니트 소재로 편안함과 활동성은 높이고 덴디한 느낌을 최대한 살린 매력적인 덴디 니트 자켓입니다.

재료 준비

원단 소요량 - 1마 | 원단의 종류 - 니트(늘어짐이 있고 바느질 난이도가 높은 편입니다)

1 카라 겉감, 카라 겉감 심지, 카라 안감 각 1장, 뒷장식 2장, 뒷장식 심지 1장, 주머니 2장, 주머니 윗부분 심지 2장 2 상의 앞판 대칭 2장, 앞판 안단 대칭 2장, 앞판 안단 대칭 심지 2장 3 소매 대칭 2장 4 상의 뒤판 1장, 니트용 접착 심지 2장 5 앞단추 2개, 뒷장식 단추 4개 6 목둘레 바이어스(4cm 바이어스 사용 시 : 약 30cm 정도)

부분과 설명

1 프린트가 들어간 린넨으로 내추럴하면서도 귀엽게 포인트를 주었어요. 2 금장 단추로 복고적인 느낌을 살려 주었어요. 3 뒷장식을 언밸런스한 도형으로 만들어 한 번 더 눈이 가게 했습니다.

심지 붙이기
심지가 필요한 부분에 미리 붙여 놓습니다.

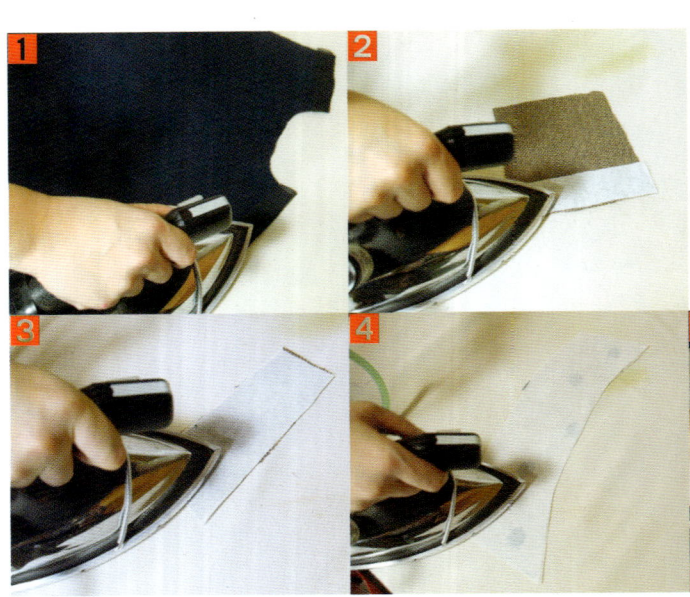
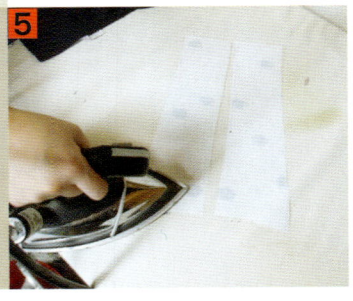

1. 뒤판 어깨 부분에 니트용 접착심지를 붙입니다.
2. 주머니 윗부분에 접착심지를 붙입니다.
3. 뒷장식 한쪽 면에 접착심지를 붙입니다.
4. 카라의 겉감(무늬가 있는 원단)에 접착심지를 붙입니다.
5. 안단 양쪽 원단 모두 접착심지를 붙입니다.

부속 준비하기
옷을 만들 때 주머니나 카라 등 부속 부분을 먼저 준비해 두면 옷 만들기가 훨씬 쉽습니다.

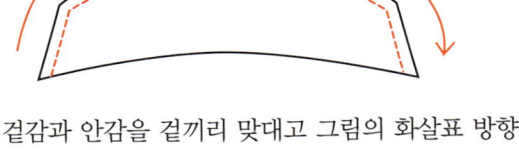

1. 카라 겉감과 안감을 겉끼리 맞대고 그림의 화살표 방향대로 박음질합니다. 이때 그림처럼 박음질이 되어야 합니다.

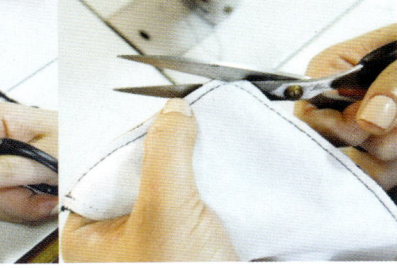

2. 시접을 0.5cm 남기고 깔끔하게 다듬습니다. 모서리는 뒤집었을 때 박음질한 모양대로 나올 수 있게 사진(우측)처럼 자릅니다.

3. 모서리 부분을 잡고 뒤집습니다.

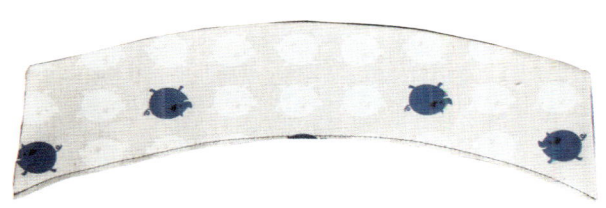

4 모양대로 잘 다립니다.　　5 트인 부분은 간격 없이 상침합니다.

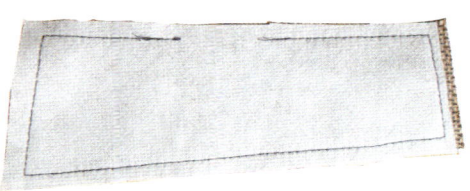

6 뒷장식도 겉끼리 맞대고 시접 0.3cm 정도로 박음질합니다. 창구멍은 2cm 정도 남깁니다.

  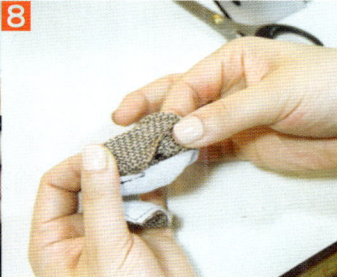 

7 뒷장식도 카라처럼 모서리 부분을 사진처럼 자르고 시접을 깔끔하게 잘라 정리합니다.

8 창구멍으로 뒤집은 후 가장자리를 간격 없이 상침합니다. 이 때 창구멍도 같이 막아 주는 역할을 합니다.

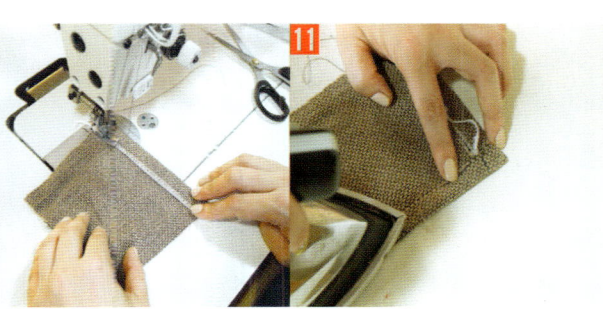

9 주머니 윗부분에 오버록 칩니다.
10 주머니 윗부분을 1cm 접어 박음질합니다.
11 주머니 옆면과 밑면을 1cm씩 접어 다립니다(완성 사진 참조).

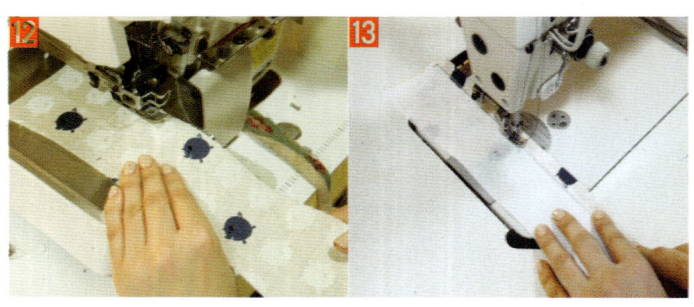
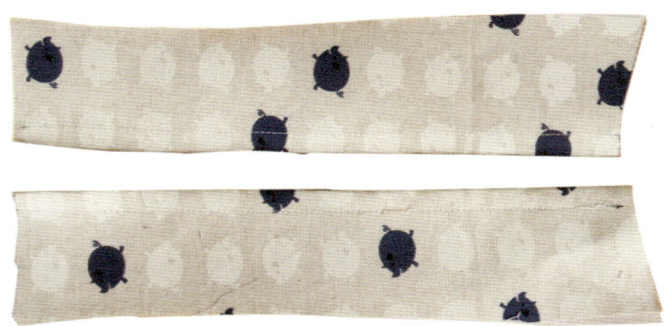

12 앞판 안단 안쪽 부분에 오버록 칩니다.
13 앞판 안단 안쪽 부분을 1cm 접어 박음질합니다.

본판 박음질

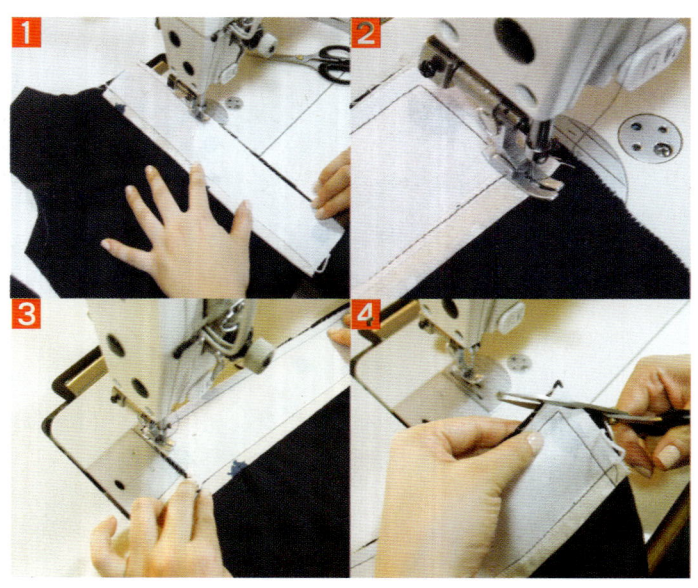
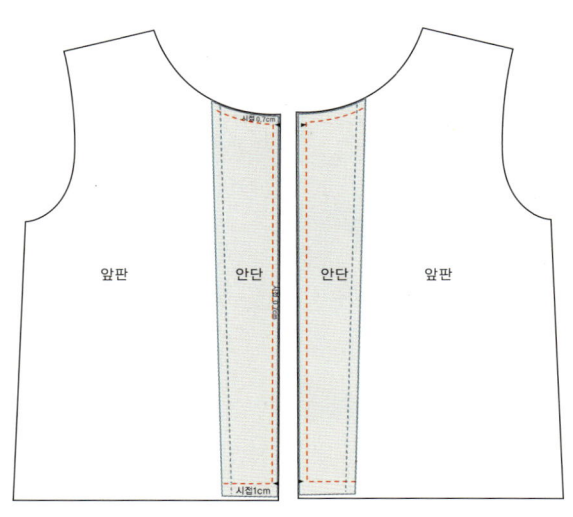

*그림과 같이 박음질합니다. 앞판 2장은 대칭이므로 앞판 길이를 같게 해서 박아야 합니다.

1 상의 앞판의 겉과 안단의 겉을 맞대어 시접 0.7cm로 앞선을 잘 맞추어 박음질합니다. 2 밑단 쪽은 1cm 시접을 남겨 두고 박음질합니다. 3 윗부분도 시접 0.7cm로 박음질합니다. 4 위쪽과 아래쪽 모두 모서리 부분을 사진처럼 자릅니다.

주머니와 뒷장식 달기

1 상의 앞판에 주머니 위치를 초크로 표시합니다.

2 주머니를 상의 앞판 위에 올려 놓고 간격 없이 상침합니다(실물본 위치 참조).

3 상의 뒤판에 위치에 맞게 잘 올려 놓고 사진에 표시된 위치대로 박음질해 뒷장식을 답니다(실물본 위치 참조).

어깨, 진동둘레, 소매 연결하기

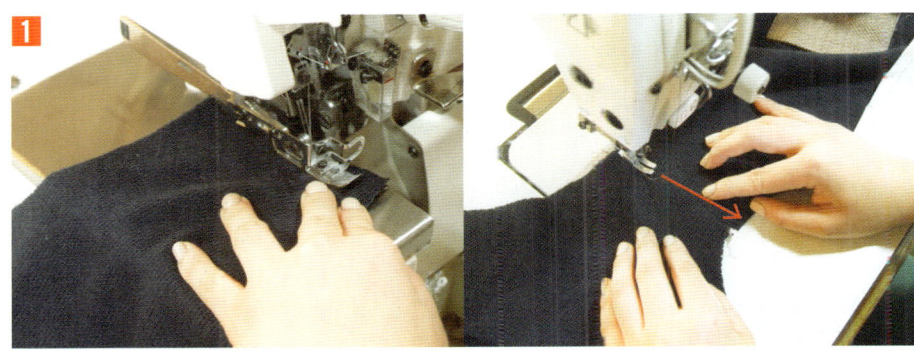

1 어깨 부분을 박음질한 두 오버록 칩니다. 이후 겉으로 펴서 어깨 부분이 상침합니다.

2 소매와 본판 진동둘레 부분을 겉끼리 맞대고 박음질한 후, 오버록 칩니다.

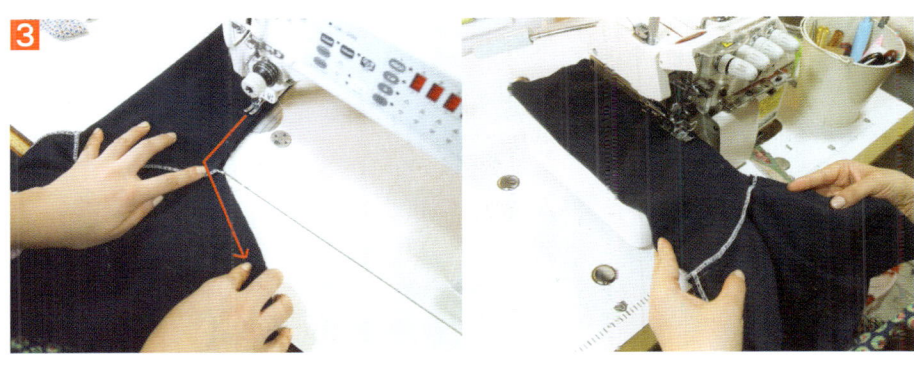

3 소매와 본판의 옆선 부분을 박음질한 후, 오버록 칩니다.

카라 달기와 바이어스 두르기

 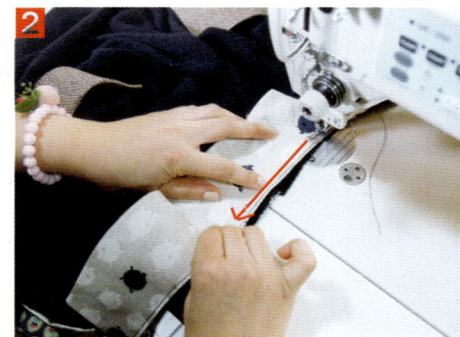

1 카라와 상의 뒤판 목뒤 중심에 맞춤점을 표시하고 이를 기준으로 잘 맞추어 잡습니다.

2 잘 맞춘 상태로 안단 시작점에서 카라 끝까지 박음질합니다.

3 안단 위쪽에서 1~2cm 여유를 두고 바이어스를 두릅니다.

마감 박음질과 다림질

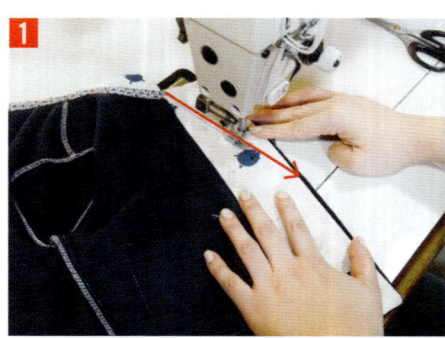 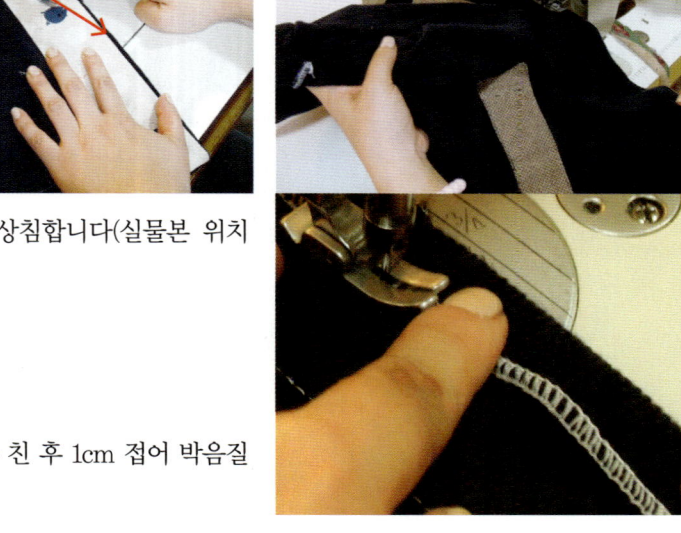 

1 안단 부분을 상침합니다(실물본 위치 참조).

3 소매 끝을 1cm 접은 후 사진처럼 잡고 말아 박기를 합니다.

2 밑단을 오버록 친 후 1cm 접어 박음질합니다.

4 전체적으로 한 번 다립니다.

5 카라를 꺾어 놓고 다립니다.

단추 달기

1 단춧구멍 위치(실물본 위치 참조)에 단춧구멍 자수를 놓습니다(옷 만들기 기본 지식 참조).

2 칼을 이용해 단춧구멍을 뚫습니다.

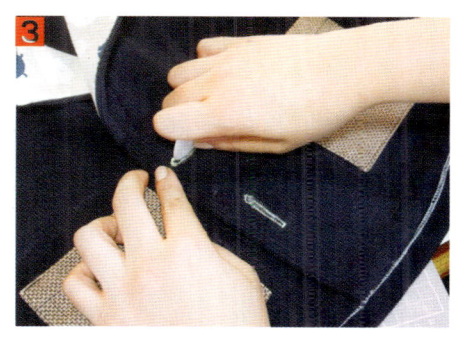
3 실물본에 단추의 위치가 나와 있지만 옷 전체의 균형을 맞춘 다음, 단춧구멍이 뚫린 부분을 초크로 표시하고 단추를 달면 좀 더 정확한 위치에 단추를 달 수 있습니다.

4 앞단추를 답니다.

5 뒷장식 단추도 답니다.

F/W no 17.

덴디 니트 팬츠

덴디 니트 자켓과 함께 덴디룩 완성! S사이즈는 3세 사이즈이지만 6세까지 5부로 입을 수 있다는 게 커다란 매력인 니트 팬츠입니다. 단! 배가 볼록해 지면 아이들의 허리 밴드를 늘여 주셔야 한다는 점, 잊지 마세요!

재료 준비

원단 소요량 – 1/2마~1매(사이즈에 따라 차이가 있습니다) | 주 원단의 종류 – 니트

1 바지의 앞과 뒤판 대칭 각 2장씩, 허릿단 2 아랫단 원단 2장, 어깨끈 원단 2장(10수 정도의 청지, 아래 표 참조), 어깨끈 뒷부분 고정 원단(4×5cm) 3 앞단추 2개, 뒷단추 2개, 고무줄(41p 참조)

부분과 설명

1 깔끔한 셔츠와 코디한다면 연회복으로도 잘 어울립니다.
2 소재가 다른 고급 소재의 아랫단으로 커프된 느낌을 강조하면 귀엽습니다.
3 골드 색상의 단추로 내추럴과 골든의 믹스매치~!

	어깨끈 길이
100	6×80cm
110	6×85cm
120	6×90cm
130	6×95cm
140	6×100cm

*신체의 개인 차가 크므로 허리둘레에 따라 가감합니다.

부속 준비하기

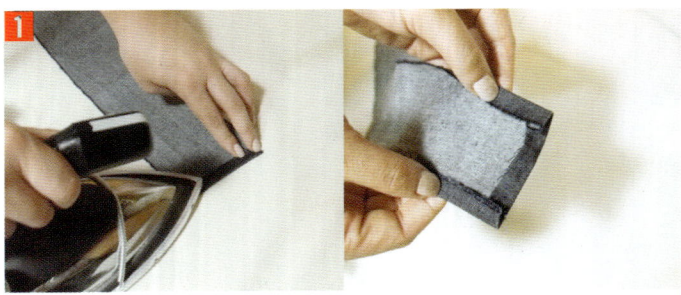

1 어깨 끈 원단을 사진처럼 1cm 접어 다립니다.

2 다시 반을 접어 다립니다. 여기서 포인트!! 박음질할 때 아래 원단이 살짝 보이도록 0.1cm 가량 아래 원단이 보이게 접어 다립니다.

3 끈의 가장자리를 간격 없이 상침합니다.

본판 박음질

1 밑위 박기
앞판은 앞판의 겉끼리, 뒤판은 뒤판의 겉끼리 맞대고 밑위 부분을 시접 1cm로 박음질합니다. 이후 앞판과 뒤판의 박음질한 밑위를 오버록 칩니다.

2 옆선 박기
앞판과 뒤판을 겉끼리 맞대고 옆선을 가지런하게 하여 시접 1cm로 박음질한 후, 오버록 칩니다.

3 밑아래 박기
밑아래 부분도 시접 1cm로 박음질한 후, 오버록 칩니다.

HaRoo Tip

1. 옆선과 밑위를 박을 때 재단의 오차로 바지결이 틀어질 수 있으니 바지결을 가지런하게 하고 옆선과 밑위를 박아 줍니다.

2. 니트 원단은 특성상 늘어짐이 많아 박음질할 때 원단을 당기거나 밀지 않도록 더욱 조심해야 합니다.

원통형 바이어스를 두를 때 하는 방법과 같습니다. | **허릿단 연결하기**

1 허릿단을 반으로 접어 겉끼리 맞대고 세로 부분을 박음질합니다.

2 앞서 만들어 두었던 바지 본판의 안쪽면 허리 부분과 허릿단 겉면을 맞대어 놓고 두 판의 허리둘레를 고르게 맞춰 잡습니다. 바지 뒷면 가운데 부분을 시작으로 박음질합니다.

3 바지를 뒤집어 놓고 허릿단을 바이어스 두르기와 같은 방법으로 접어 바지 뒷면 박음질 선에 맞춰 박음질합니다. 이때 창구멍은 5cm 정도 바지 뒤쪽 부분에 남깁니다.

HaRoo Tip

허릿단을 접어 올릴 때 뒤틀리지 않게 조심합니다.

허릿단을 달고 차분히 다림질한 모습입니다.

바지 아랫단 연결하기

1 아랫단 2장 모두 겉끼리 맞대고 끝부분을 박음질합니다.

2 시접이 안으로 가게 본판 아랫단 부분 안쪽에 아랫단을 넣고 시접 1cm로 박음질한 후 오버록 칩니다. 이때 아랫단과 본판 아랫단 부분이 고르게 박을 수 있게 원통형으로 사진처럼 잡고 박음질합니다.

HaRoo Tip
원통형을 박음질할 때는 박을 부분을 원통형 안쪽으로 놓고 박음질하면 훨씬 수월합니다.

3 달아 놓은 아랫단을 사진처럼 접어 올리고 전체적으로 눌러 다림질하여 커프(cuff) 효과를 냅니다.

4 아랫단을 고정합니다.

*커프 : 바지의 접단을 말합니다.

허리 고무줄 끼우기

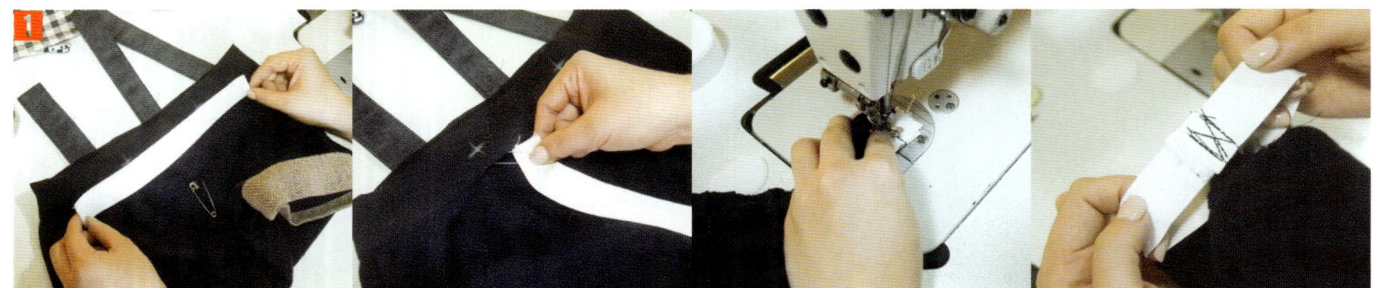

1 허리 사이즈에 맞게 준비해 놓은 고무줄을 창구멍으로 넣어 연결합니다. 이때 고무줄이 꼬이지 않게 조심하세요.

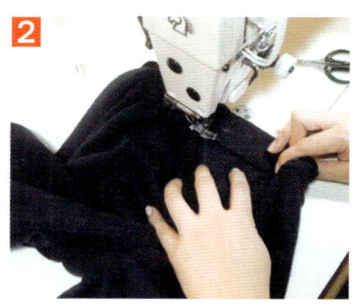

2 창구멍을 막습니다.

3 앞부분이 쪼글거리지 않게 주름을 펴고 실물본에 표시된 지점에 사진처럼 상침합니다.

단추, 어깨끈 뒷여임 부분 달기

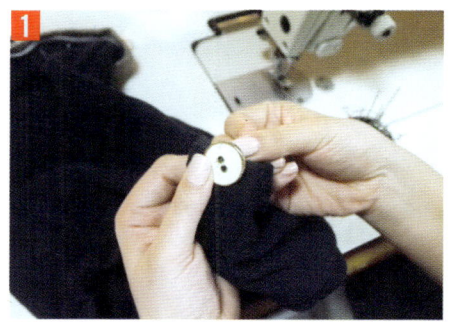

1 앞쪽 상침한 위치에 단추를 답니다.

2 뒤쪽도 앞쪽 위치를 기준으로 단추를 답니다. 단추의 위치는 개인 취향에 따라 바꿔도 괜찮습니다.

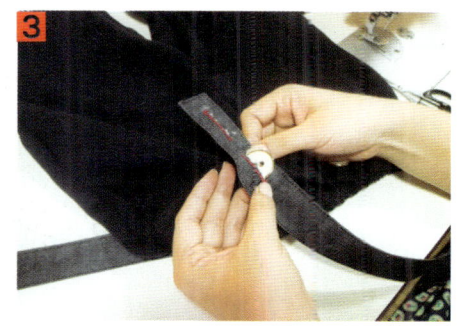

3 어깨끈에 단춧구멍을 만들고 단추가 잘 들어가는지 확인합니다(단춧구멍 위치는 아이의 신체 치수에 맞추어 표시합니다).

4 어깨끈 뒤쪽을 크로스 되게 하고 초크로 표시합니다.

5 어깨끈 뒷부분 고정 원단을 바이어스 접기를 하여 박음질하여 뒷고정 장식을 만듭니다.

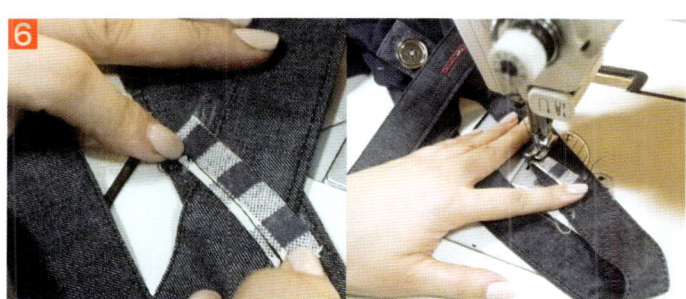

6 **4**에서 표시한 위치에 뒷고정 장식의 끝부분을 접어 박음질합니다.

F/W no 18.
모직 패치 원피스

입학식, 졸업식, 결혼식, 돌파티, 명절~, 아이들도 차려입고 외출해야 하는 때가 있어요. 모직 패치 원피스는 단정하지만 화려하여 돋보이게 하는 아이템입니다.

재료 준비

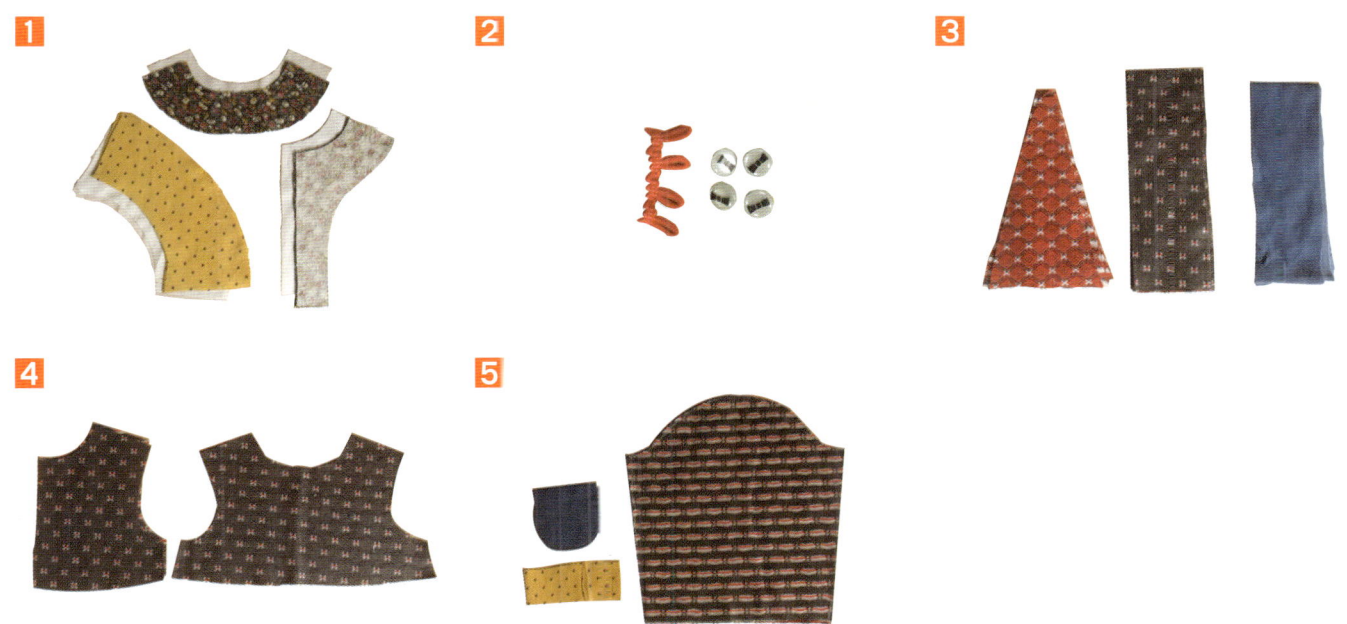

원단 소요량 - 1마~2마 정도(사이즈에 따라 달라질 수 있습니다) | 주 원단의 종류 - 모직 원단

1 카라 대칭 4장(심지 2장), 앞안단 1장(심지 1장), 뒷안단 2장(심지 2장) **2** 단춧고리 테입 4개, 단추 4개 **3** 삼각 패치 12장, 사각 패치 12장, 밑단 긴 패치 2장 **4** 상의 앞판 1장, 상의 뒤판 대칭 2장 **5** 소매 대칭 2장, 앞주머니 4장, 소매 바이어스 2장

부분과 설명

패치의 배색을 과감하게 해 보았습니다. 삼각과 사각패치를 연결하는 방법을 여러 번 반복함으로써 단순한 구조의 원피스가 더욱 화려하게 되었습니다. 여러 옷의 디자인에도 응용할 수 있습니다.

심지 붙이기와 부속 만들기

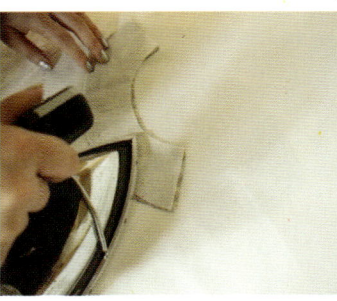

1 카라, 뒷안단, 앞안단에 심지를 붙입니다.

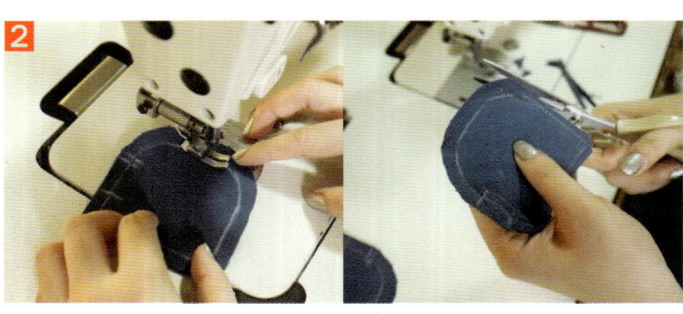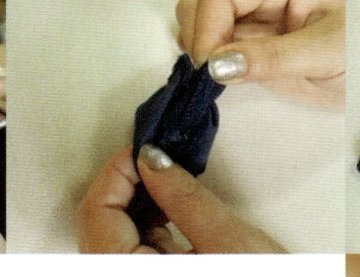

2 주머니 모양을 본을 대고 그리고 창구멍을 표시한 후 박음질하여 주머니를 만듭니다. 시접을 다듬고 뒤집어서 다립니다.

HaRoo Tip

두 면으로 박아서 만드는 주머니의 경우, 모양틀이나 주머니 모양의 본을 꼭 그린 후 그 선을 따라 박음질해야 주머니 모양이 예쁘게 나옵니다.

3 카라의 겉끼리 시접 1cm로 박음질하고 뒤집어 다립니다.

4 앞안단의 어깨 부분과 뒷안단의 어깨 부분을 겉끼리 시접 1cm로 박은 후, 어깨 부분과 둘레 부분을 오버록 칩니다.

패치 연결하여 치마 만들기

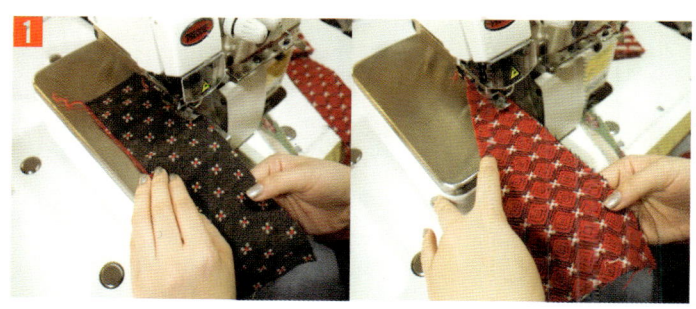

1 사각 패치와 삼각 패치의 아랫단 부분을 제외하고 오버록 칩니다.

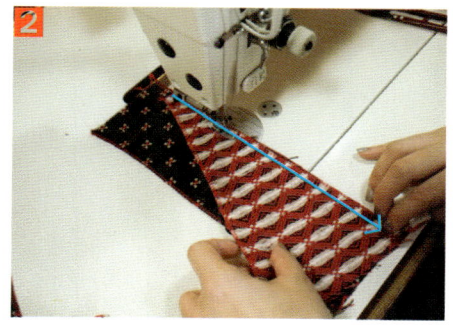
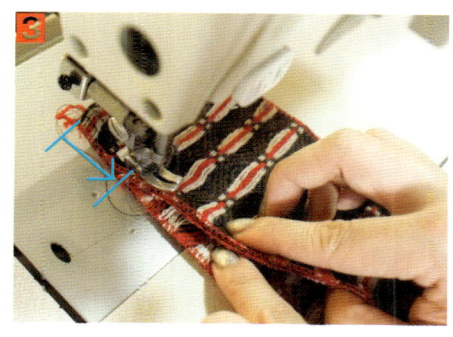

2 사각 패치와 삼각 패치를 겉끼리 놓고 사진과 같이 시접 1cm로 박음질합니다.

2 앞에서 작업한 것 위에 사각 패치를 하나 더 겉끼리 맞대고 사각 패치가 맞닿는 윗부분만 박습니다.

3 삼각 패치가 맞닿는 부분부터는 사진처럼 삼각 패치를 오른쪽으로 펼쳐 놓고 박음질합니다.

겉으로 펼쳤을 때의 모습

안으로 펼쳤을 때의 모습

4 위와 같은 방법으로 삼각 패치 12장과 사각 패치 12장을 모두 연결합니다.

5 모두 연결한 후, 펼쳐서 다림질합니다.

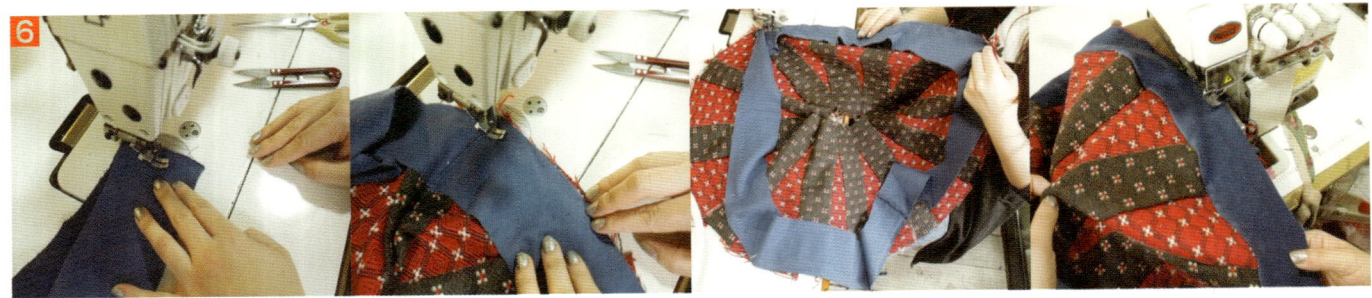

6 밑단 긴 패치 2장을 겉끼리 박아 원형으로 만든 후, 치마 아랫단과 겉끼리 시접 1cm로 박음질한 후, 오버록 칩니다.

 7 밑단 부분을 다림질합니다.

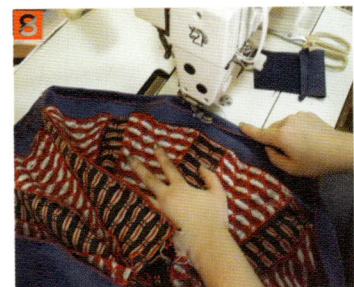 8 밑단을 1cm 접어 박음질합니다.

상의 만들기

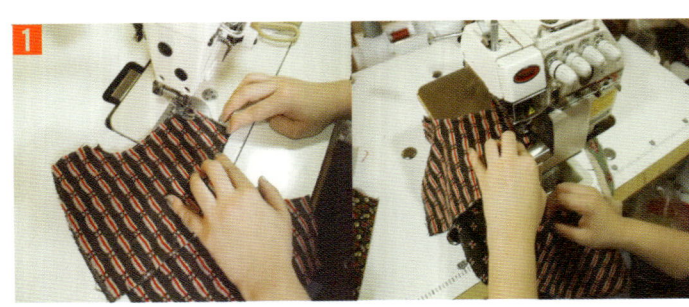

1 상의 앞판과 뒤판의 어깨 부분을 겉끼리 박은 후, 오버록 칩니다.

2 카라를 본판 목둘레 부분에 시접 0.5cm로 박음질합니다 (실물본 위치 참조).

3 뒷여임 부분의 표시점(실물본 위치 참조)에 맞추어 단춧고리 테입 4개를 답니다.

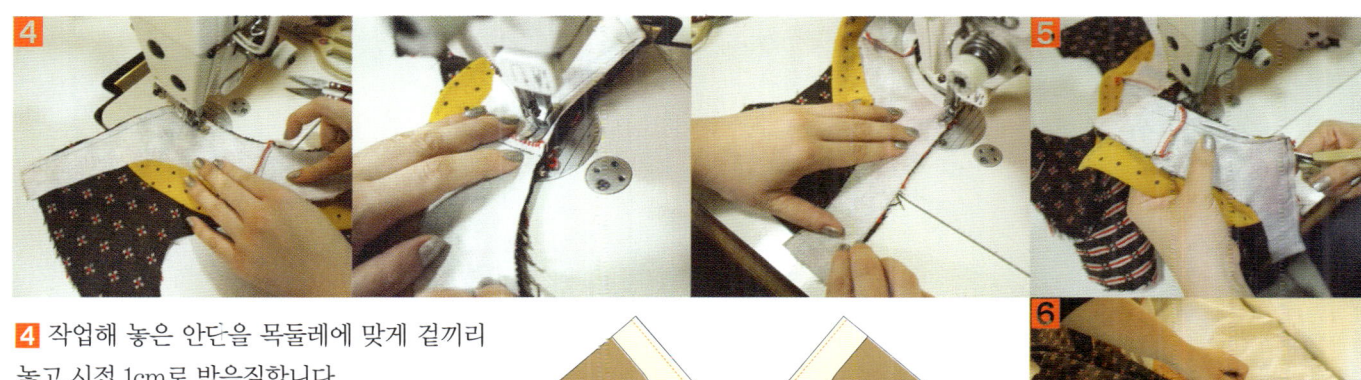

4 작업해 놓은 안단을 목둘레에 맞게 겉끼리 놓고 시접 1cm로 박음질합니다.
5 시접이 0.5cm 되게 잘라 다듬습니다.
6 안단 박음질한 부분을 다림질합니다.

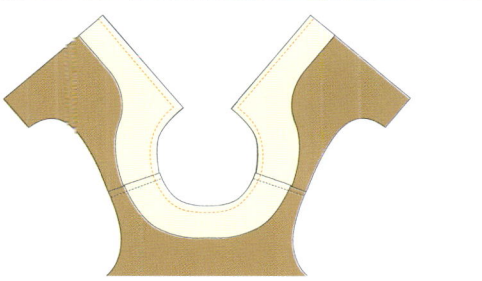
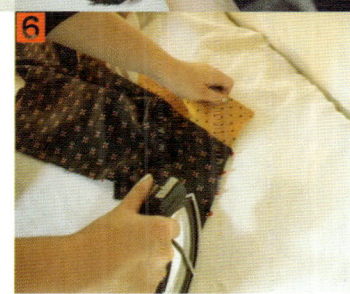

7 소매산에 주름을 잡습니다.
8 치마 윗부분과 소매산을 겉끼리 맞대고 진동둘레 부분을 박음질한 후, 오버록 칩니다.

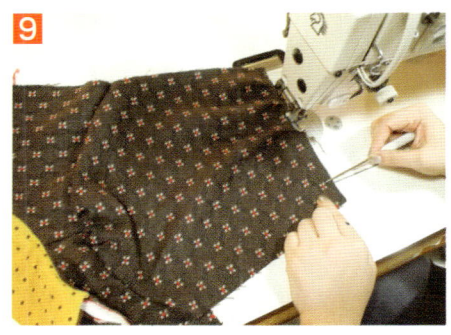
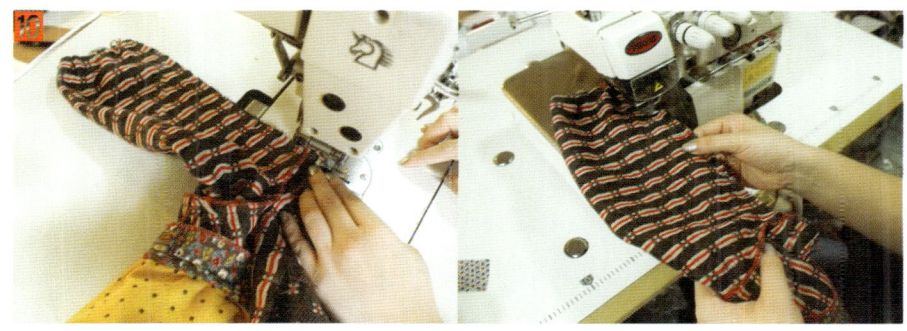

9 양쪽 소매 아랫단에 주름을 잡습니다. 이때 양쪽 주름이 대칭이 되게 해야 합니다.
10 소매 끝부터 옆선까지 시접 1cm로 박음질한 후, 오버록 칩니다.

11 소매 바이어스를 만들고 소매단 안쪽에 넣어 박음질합니다. 소매를 뒤집은 후 소매 바이어스를 겉면 쪽으로 접은 후, 박음질을 합니다(사진을 참조하여 소매 바이어스를 두릅니다).

12 주머니를 달 위치를 표시하고 주머니를 그 위에 놓고 간격 없이 상침합니다(주머니 달기는 윗부분 작업하기 전 앞면에 미리 달아도 좋습니다. 실물본 위치 참조).

상의와 치마 연결하기

1 치마 허리둘레와 윗부분의 허리둘레를 4등분으로 나누어 맞춤점을 표시합니다.

2 치마둘레의 겉과 윗부분의 허리둘레의 겉을 맞댑니다. 이대 먼저 뒷트임을 치마 뒷중심에 맞춥니다.

3 시접 1cm로 박음질한 후, 오버록 칩니다.

다림질하고 단추 달기

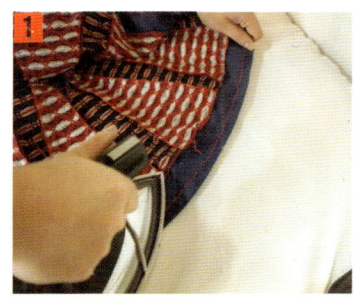

1 전체의 형태를 바로하여 다립니다.

2 뒷부분의 단추 달 위치를 표시하고 단추를 답니다.

F/W no 19.
모직 후드 케이프

우리 아이에게 하나쯤은 꼭 만들어 주고 싶은 아이템이라 주저하지 않고 챙겨 넣은 후드 케이프입니다! 겨울엔 코트 위에, 가을엔 스웨터나 가벼운 자켓 위에 입히기 딱인 필수 아이템이에요.

재료 준비

원단 소요량 – 겉감 1마~2마, 안감 1마~2마(옷의 사이즈에 따라 달라질 수 있습니다)
주 원단의 종류 – 겉감 모직 원단, 안감 기모면

1 모자 겉감 대칭 2장, 모자 안감 대칭 2장 **2** 본판 뒷옆면 겉감 대칭 1장, 본판 앞면 겉감 대칭 2장 **3** 본판 뒷옆면 안감 대칭 1장, 본판 앞면 안감 대칭 2장 *안감은 겉감 사이즈에서 밑단만 2cm 짧게 재단합니다. **4** 목둘레 심지 1장, 앞단 심지 대칭 2장 **5** 앞장식 단추, 주머니 단추, 싸개 스냅 단추 2쌍 **6** 나뭇잎 장식(십자수실을 이용해 스티치 합니다)

부분과 설명

1 원단 색이나 장식을 살짝 바꾸면 남아용으로도 좋은 아이템이에요! **2** 모자 끝부분에 나뭇잎 포인트 주면 귀엽습니다. **3** 앞장식 단추를 자유롭게 배치하여 브로치 느낌을 주었습니다.

모자 만들기

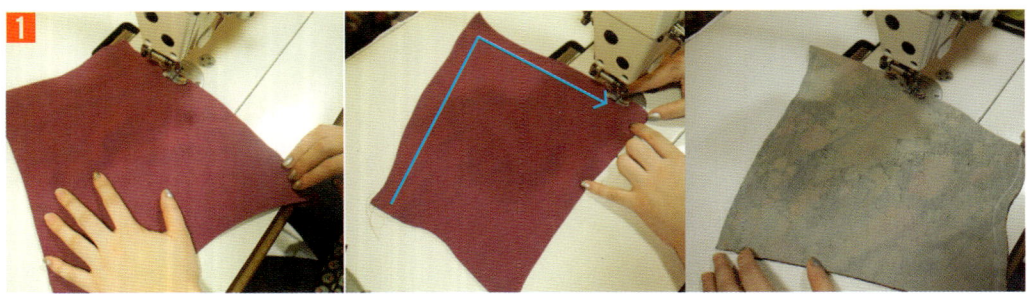

1 모자 겉감을 겉끼리 시접 1cm로 박음질합니다. 모자 안감도 같은 방법으로 박음질합니다.

2 모자의 꼭지 부분을 사진처럼 잘라야 뒤집었을 때 모양이 예쁩니다(겉감, 안감 모두).
3 시접을 가름솔합니다.

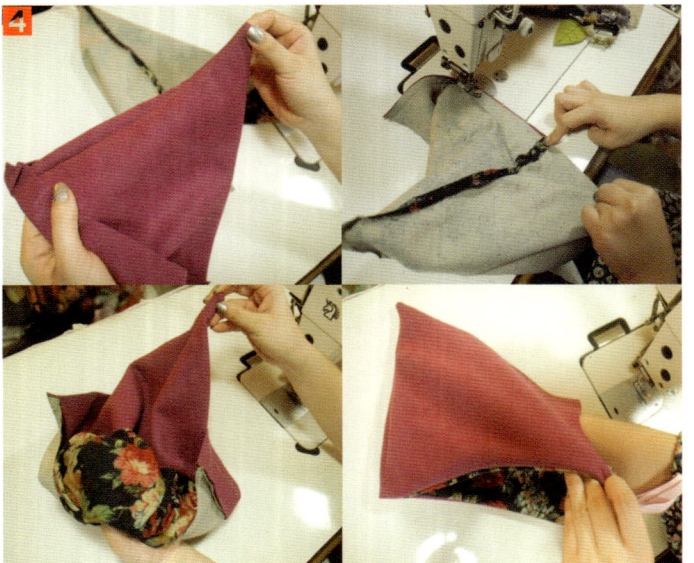

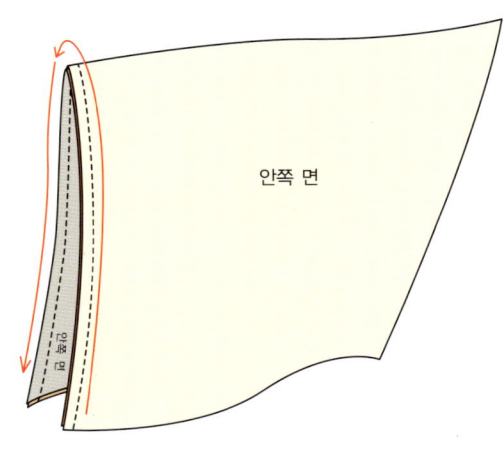

안쪽 면

4 모자의 겉감을 겉쪽으로 뒤집고 모자 안감을 겉감 위에 씌운 후 모자의 앞선을 박음질한 후 뒤집습니다.

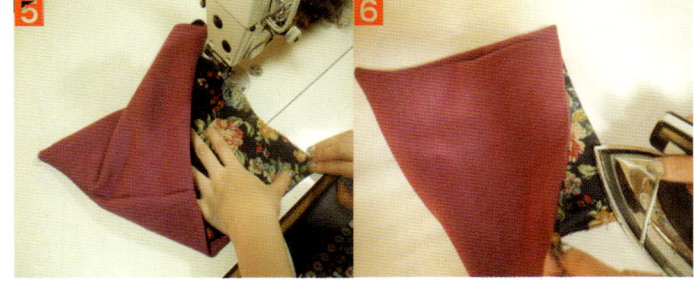

5 모자의 목둘레 부분을 시접 0.5cm로 박음질합니다.
6 전체 모양을 단정하게 다립니다.

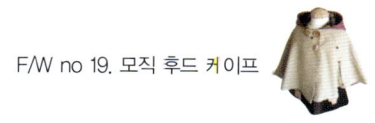

본판 연결하기

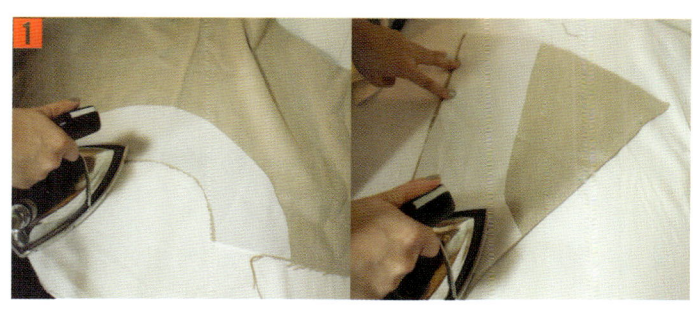

1 목둘레 부분과 겉감 앞단 안쪽에 심지를 붙입니다.

2 본판 앞면 겉감 대칭 2장과 본판 뒷옆면 겉감 대칭 1장을 겉끼리 맞대고 실물본에 표시된 주머니 부분을 남기고 박음질합니다.

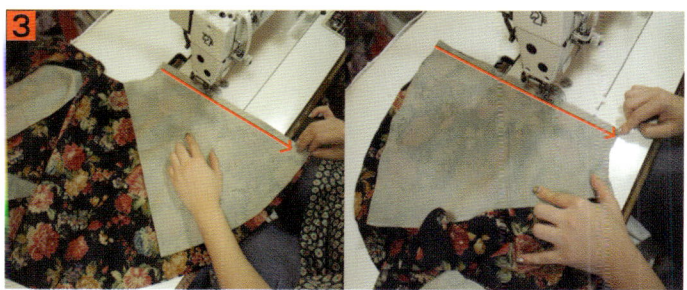

3 본판 앞면 안감 대칭 2장과 본판 뒷옆면 안감 대칭 1장을 겉끼리 맞대고 박음질합니다.

뒷중심 주름 잡기

1 뒷중심에서 2cm 안쪽으로 들어와 표시한 곳(실물본 우치 참조)까지 박음질한 후, 박음질 선 끝에서 1cm 윗부분까지 자릅니다.

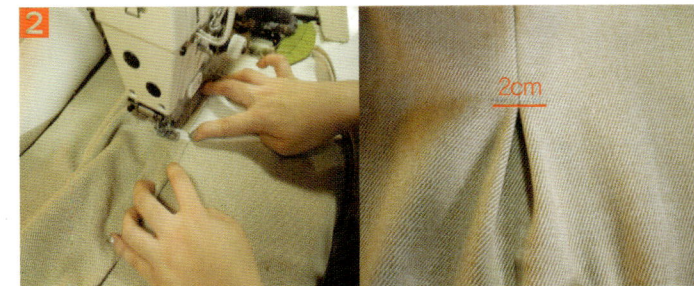

2 자른 부분의 뒷중심을 가운데로 하여 사진과 같이 누른 후 2cm 박음질합니다.

3 위의 겉감과 같은 방법으로 안감도 뒷중심 주름 잡기를 합니다.

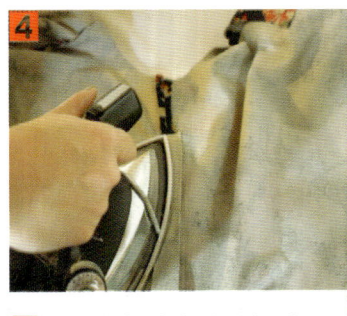

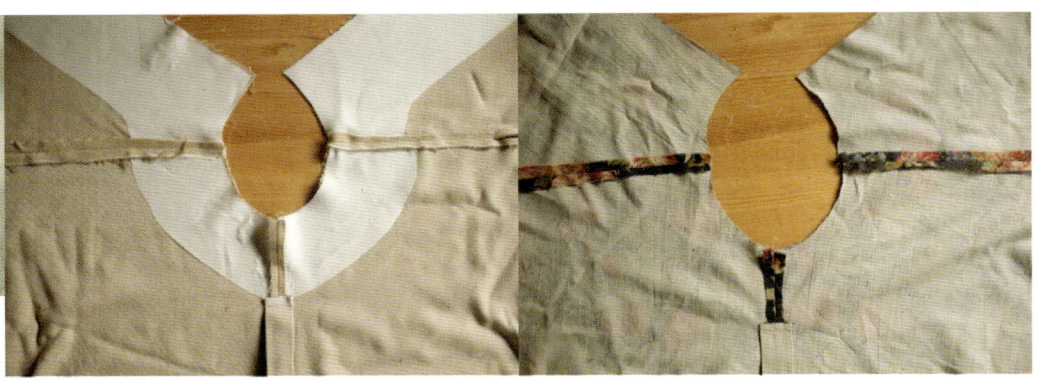

4 박음질한 시접 부분을 가름 솔합니다.

본판에 모자 붙이기

본판의 뒷중심과 모자의 뒷중심이 만나는 부분을 가운데로 두고, 본판 안감의 겉과 모자 안감의 겉을 맞대고 시접 0.5cm로 박음질합니다.

합복하기

1 겉감의 겉을 모자를 박은 안감의 겉을 맞대고 목둘레 부분을 시접 1cm로 박음질합니다.

2 앞판의 길이를 맞추어 표시를 해놓으면 앞판의 길이 오차 없이 작업할 수 있어 좋습니다.

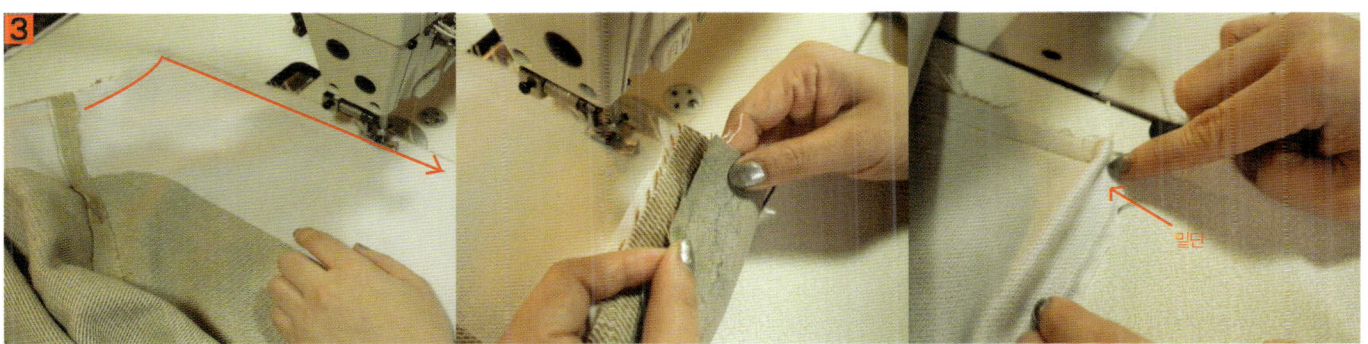

3 앞단을 시접 1cm로 박음질하여 내려옵니다. 이때 안감의 길이에 맞추고 남은 겉감의 밑단을 남기고 박음질합니다.

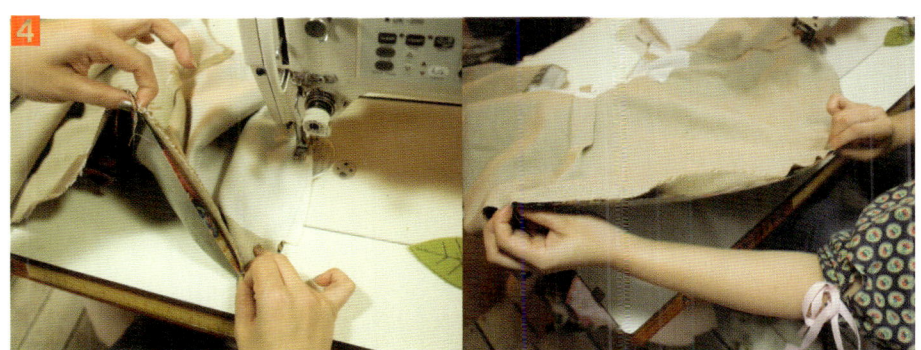

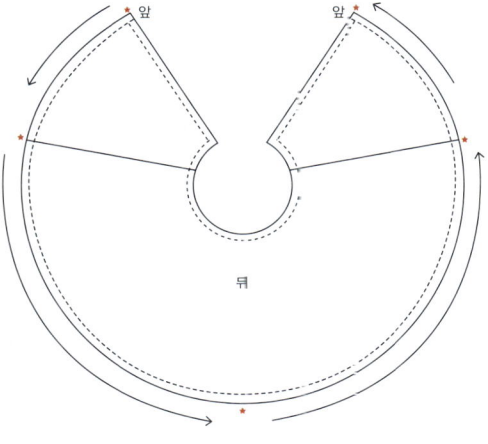

4 밑단 전체의 폭이 넓어 한 번에 박기가 어렵습니다. 앞면은 좌측 사진의 손동작으로 앞면과 뒷옆면을 나누어 잡고 박습니다. 뒷옆판은 우측 사진처럼 뒷면의 중심을 나누어 잡고 반씩 박음질합니다.

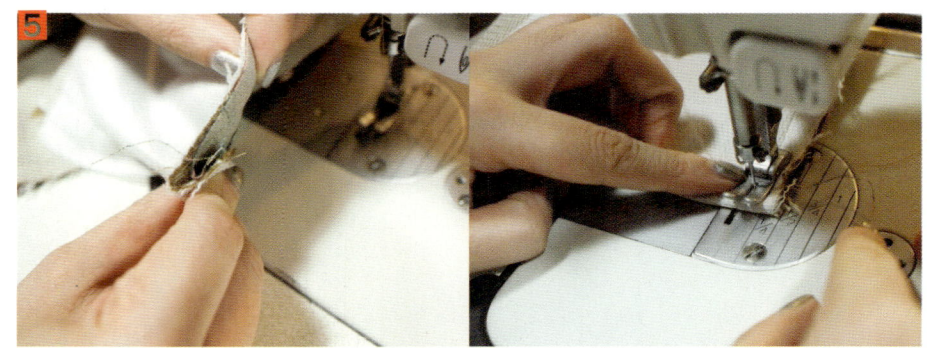

5 앞단 끝에서 시접을 안감 쪽으로 올려 눌러 박습니다.

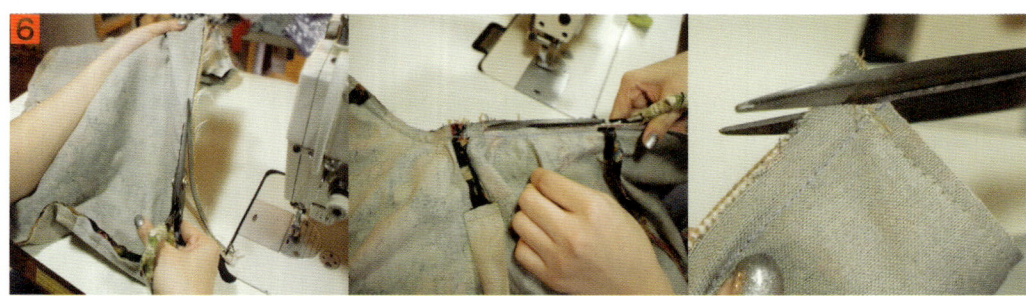

6 앞단과 목둘레의 시접을 고르게 정리합니다. 이때 모서리 부분은 우측 사진처럼 자릅니다.

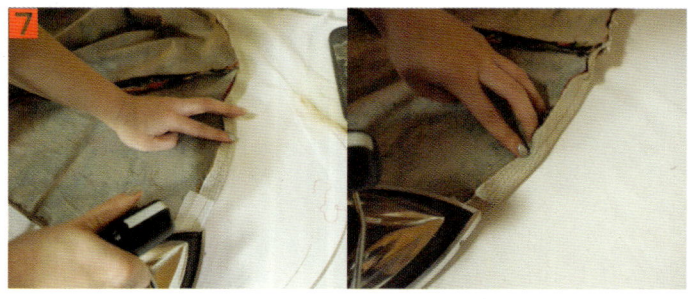

7 밑단 부분은 겉감을 안감 쪽으로 1cm 접고 다림질하여 누릅니다.

전체 합복 모습입니다. 밑단을 속원단 쪽으로 접어 다린 모습이 잘 보여집니다.

뒤집기

1 박지 않고 남겨 둔 겉감의 한쪽 주머니 라인 쪽으로 뒤집기합니다. 모서리 부분은 뾰족한 것(가위 끝이나 핀셋)으로 잘 살려 줍니다.

2 목둘레 등 전체를 박음질 선을 중심으로 다립니다.

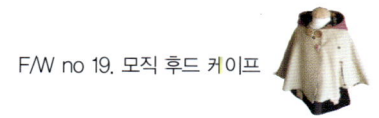

주머니 라인 상침하기

1. 겉감의 갈라지는 주머니 라인과 안감의 갈라지는 주머니 라인을 맞추어 간격 없이 상침합니다.

2. 박음질한 라인 안쪽을 쪽가위로 오픈합니다.

단추와 모티브 장식 달기

 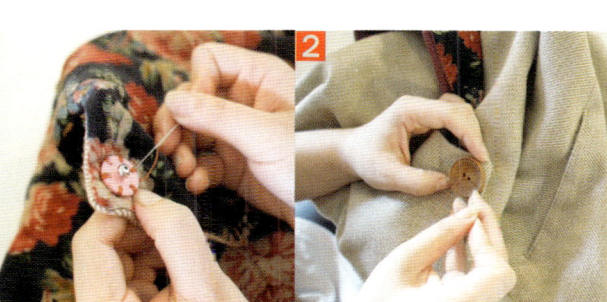 

1. 스냅 단추를 답니다(실물본 위치 참조).

2. 장식 단추를 답니다.

3. 모자 끝에 나뭇잎 장식을 답니다.

F/W no 20.

프릴 퀼팅 코트

딸아이에게 매년 만들어 준 퀼팅 코트입니다. 부드러운 퀼팅 원단은 보온성이 우수하면서도 활동하기 편하고 세탁도 편해서 여러 가지 아이 옷에 많이 쓰입니다. 프릴을 빼면 남자아이 코트로도 변신이 가능합니다.

재료 준비

원단 소요량 – 겉감 1마~2마, 안감 1마 ~2마(옷의 사이즈에 따라 달라질 수 있습니다)
주 원단의 종류 – 퀼팅 싱글면(편성물)

① 뒤판 겉감 1장, 앞판 겉감 대칭 2장, 소매 겉감 2장, 프릴 1장 ② 뒷안단 1장, 소매 안감 2장, 뒤판 안감 1장, 앞판 안감 대칭 2장 ③ 카라 겉감(토끼털) 1장, 카라 안감 1장, 리본 2장, 리본 가운더 끈 1장, 옷안단 대칭 2장 ④ 주머니 2장, 레이스, 앞쪽 여밈 스냅 단추 5쌍, 얄장식 단추 5개, 열쇠와 자물쇠 장식

부분과 설명

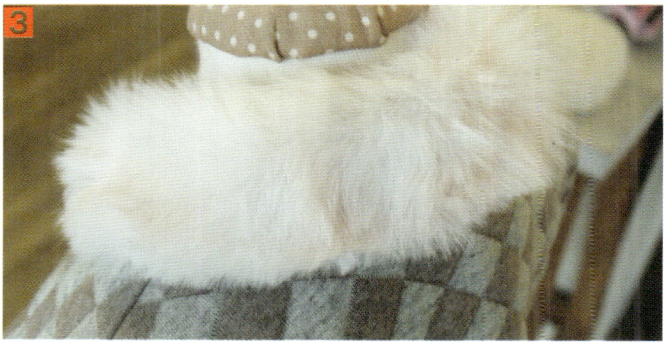

① ② 퀼팅 패턴과 장식 단추의 조화를 고려하여 단추를 선택하면 좋습니다. ③ 카라 부분은 토끼털, 퀼팅 원단, 인조 덤블링 등 취향에 맞게 바꾸어 작업해 보세요.

부속 만들기

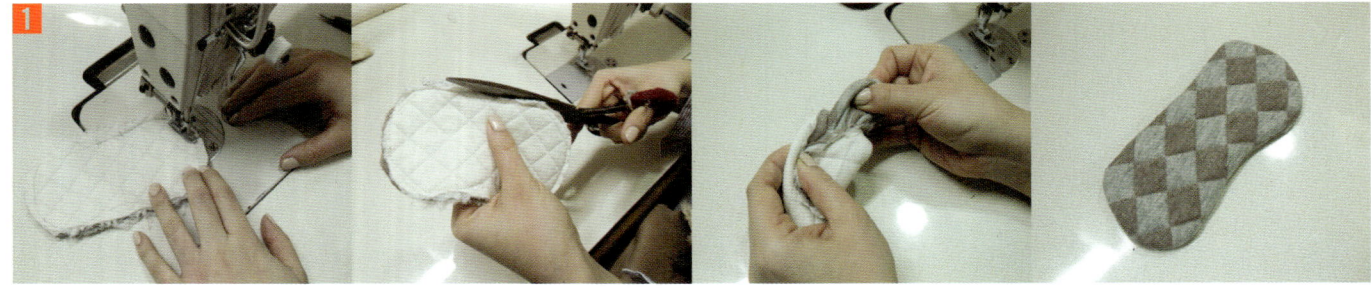

1 리본 2장을 겉끼리 맞대고 시접 0.5cm로 박음질한 후, 시접을 일정한 간격으로 잘라 다듬고 뒤집습니다.

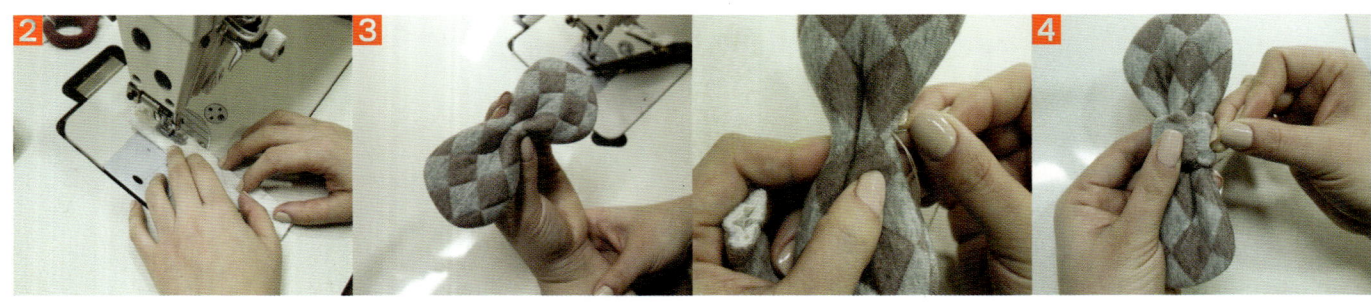

2 리본 가운데 끈을 반으로 접어 박음질한 후, 뒤집어 놓습니다.
3 리본에 주름을 넣어 모양을 만들고 중앙을 3~4회 관통하게 바느질하여 주름을 고정합니다.
4 2 과정에서 만든 리본 가운데 끈을 리본 가운데에 말고 여밈 후, 공그르기합니다.

5 뒷안단에 레이스 장식이나 라벨을 답니다.

6 카라의 겉감과 안감을 겉끼리 맞대고 목둘레 부분을 제외한 나머지 부분을 박음질한 후, 뒤집습니다.

7 목둘레 부분을 간격 없이 박음질해서 막습니다.

코트 안단 연결하기

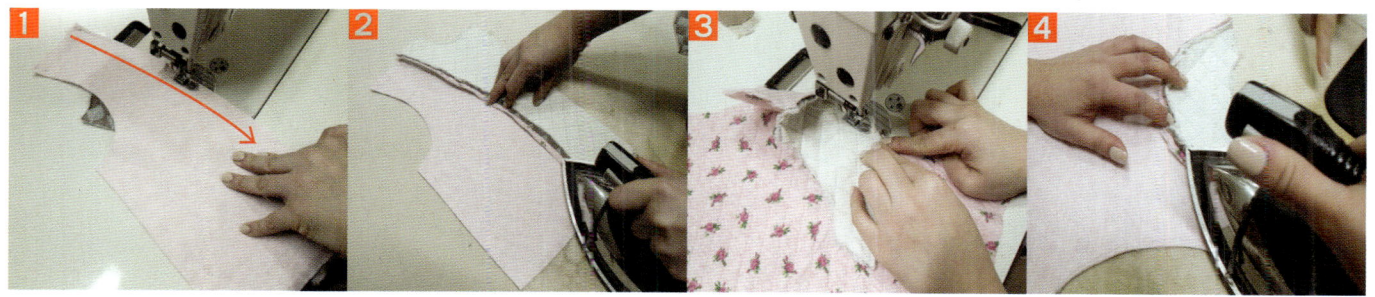

1 앞안단과 앞판 안감을 겉끼리 맞대고 시접 1cm로 박음질합니다.
2 박음질한 부분을 가름솔합니다.
3 뒷안단과 뒤판 안감을 겉끼리 맞대고 시접 1cm로 박음질합니다.
4 박음질한 부분을 가름솔합니다.

5 앞뒤 안단을 겉끼리 맞대고 어깨 부분을 시접 1cm로 박음질한 후, 가름솔하여 다립니다.

6 소매산 중심과 어깨점을 잘 맞추어 시접 1cm로 박음질한 후, 가름솔하여 다립니다.

코트 겉단 연결하기

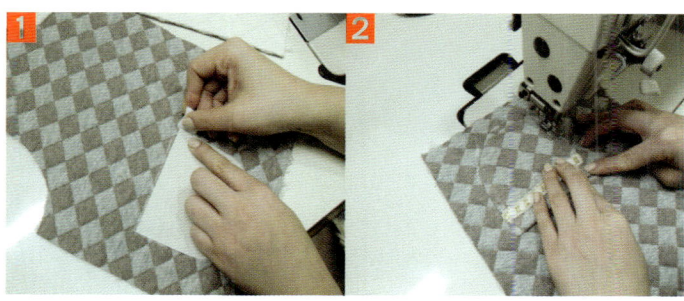

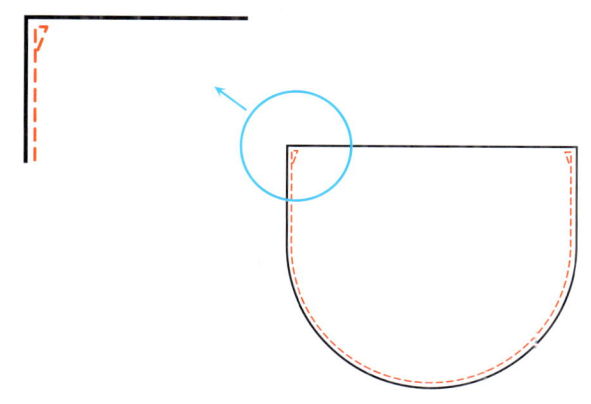

1 앞판 겉감에 주머니를 달 위치를 표시합니다(실물본 위치 참조).
2 준비된 주머니를 표시에 맞추어 놓고 간격 없이 상침합니다.

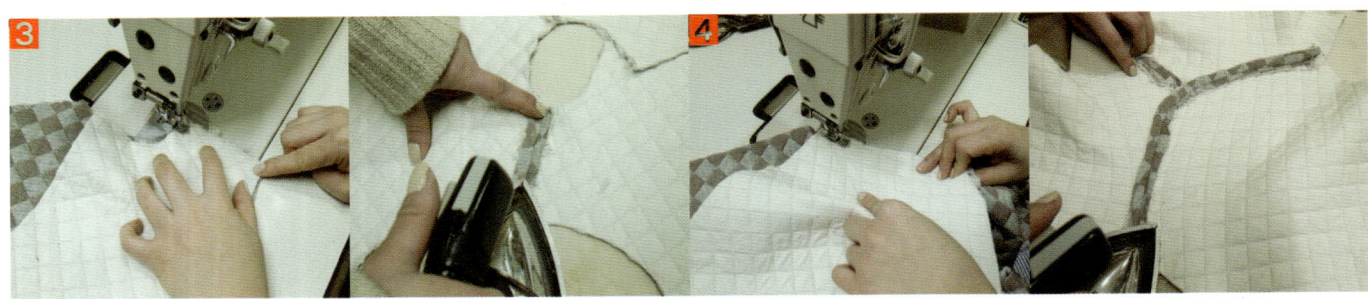

3 앞판과 뒤판 겉감을 겉끼리 맞대고 어깨 부분을 시접 1cm로 박음질한 후, 가름솔합니다.

4 겉감 진동둘레와 소매산을 잘 맞추어 소매를 시접 1cm로 박음질한 후, 가름솔합니다.

5 밑단 프릴에 주름 잡을 위치를 표시한 후(실물본 위치 참조), 아래로 3cm 지점까지 박음질합니다.

6 프릴 밑단 부분을 오버록 칩니다.

7 프릴의 주름 잡은 부분을 누르며 박음질하여 고정시킵니다.

합복하기

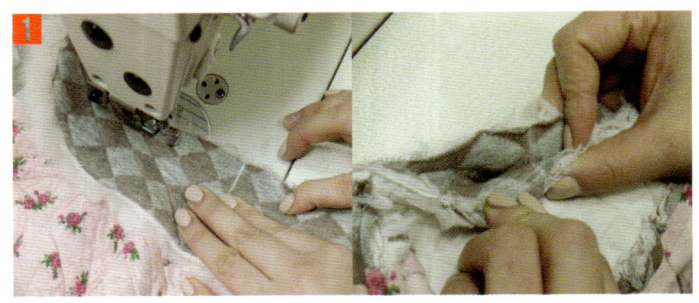

1 안감 겉과 카라의 겉을 맞대어 목둘레 부분을 시접 0.5cm로 박음질하고 겉감 겉과 카라를 붙인 안감의 겉을 맞대고 시접 1cm로 박음질합니다.

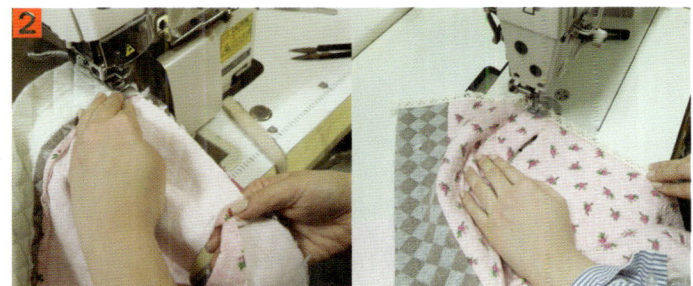

2 안감 밑단 부분을 오버록 치고 레이스를 올려 박음질합니다.

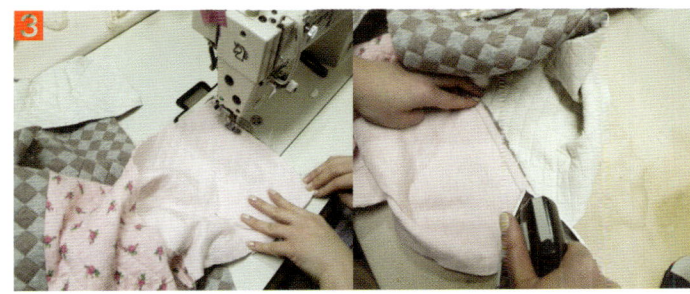

3 소매 안감 끝과 소매 겉감 끝을 겉끼리 맞대고 박음질한 후, 겉감 쪽으로 시접을 넘겨 다립니다.

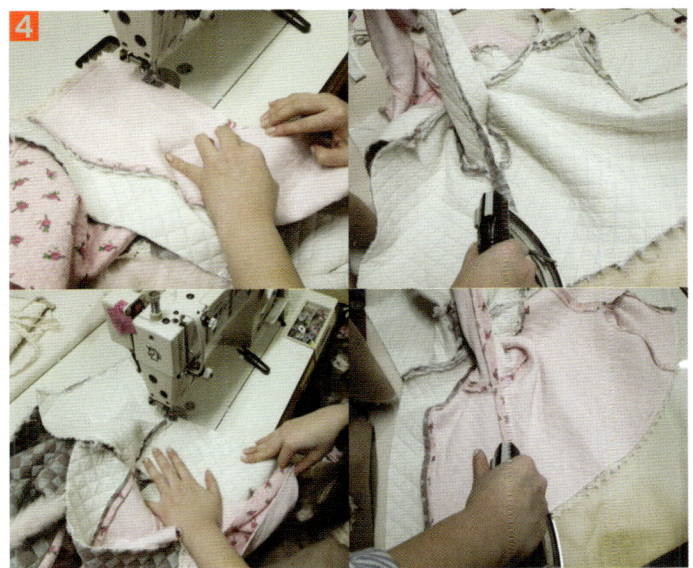

4 양쪽 옆선 모두 안감의 겉끼리, 겉감의 겉끼리 박음질한 후, 가름솔합니다.

옆선을 박음질한 모습입니다.

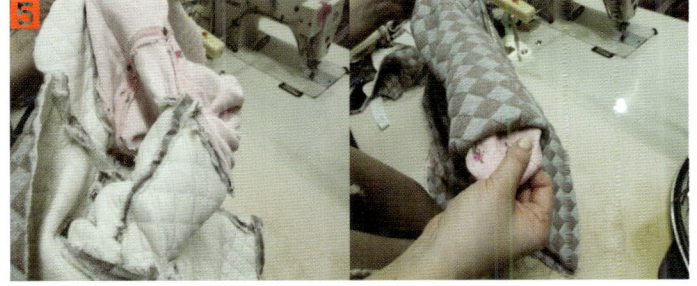

5 겉감의 소매통 속에 손을 넣어 안감과 겉감의 소매 끝을 잡고 겉감을 안감 위로 올리면서 소매 끝을 뽑아 냅니다. 이렇게 하면 안감은 안쪽으로 겉감은 겉으로 오면서 코트의 모양이 잡힙니다.

마감 박음질하기

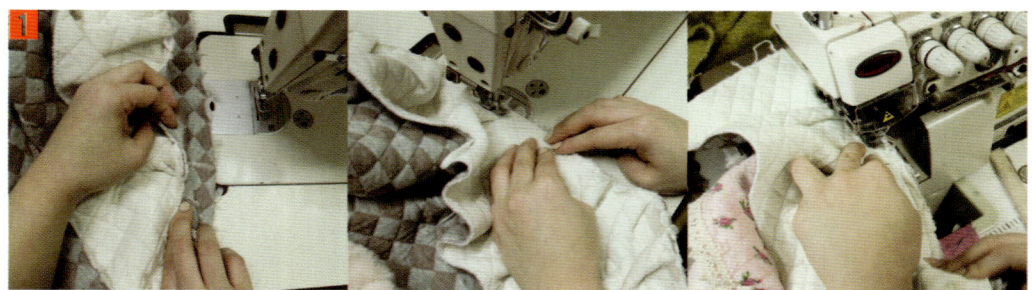

1 겉감 밑단과 주름 잡아 놓은 프릴에 맞춤점을 표시하고 겉끼리 잘 맞춰 박음질합니다. 이후 오버록 칩니다.

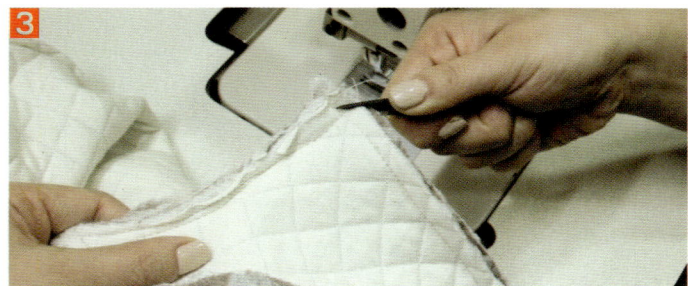

2 앞안단과 겉감의 앞라인을 겉끼리 맞대고 끝까지 박음질합니다.

3 앞단 위쪽 끝의 뾰족한 부분을 사진처럼 잘라 뒤집었을 때의 모양이 잘 나오게 합니다.

4 프릴 밑단을 1.5cm 접어 박기합니다.

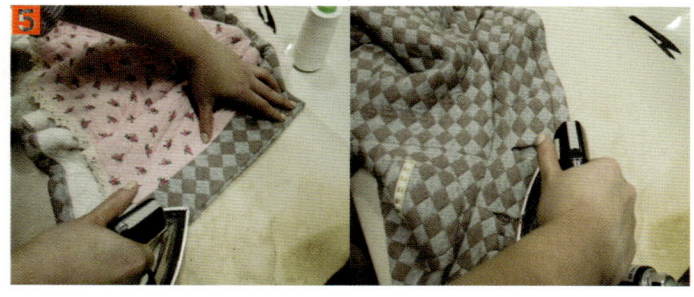

5 앞단의 박음질 선에 맞춰 다립니다(앞단의 선이 바로서야 옷의 완성도가 높아집니다). 접어 박기한 프릴의 밑단 부분도 다립니다.

6 앞단에 남은 프릴 밑단을 안단 쪽으로 넘겨 공그르기합니다.

단추, 리본 장식 달기

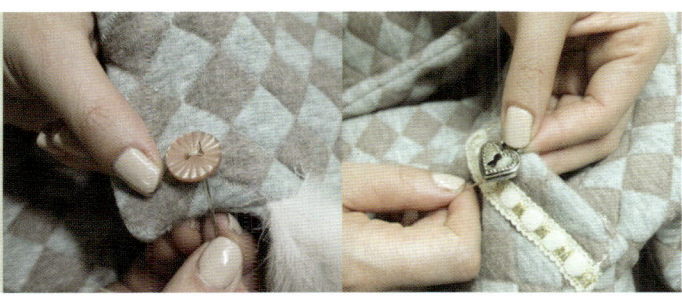

1 앞쪽 여밈 스냅 단추와 앞 장식 단추를 답니다(실물본 위치 참조). 주머니 장식도 답니다.

2 안감과 겉감의 옆선 끝지점을 손바느질로 연결하여 움직이지 않게 고정합니다.

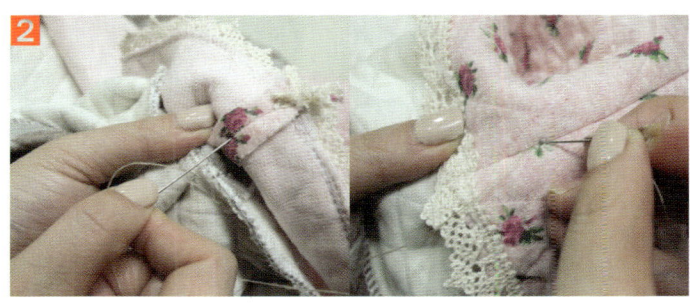

3 리본을 위치를 잡아 초크로 표시한 후 공그르기로 답니다.

since 2003

SHE,S LIFE
HANDMADE
KIDS&BABY
DAILY LIFE

핸드메이드 하루는 요!

2014년 하루는 헤이리에 있어요.
헤이리에서 아이와 함께 놀며 작업하며 살지요.
생활 속에서 찾아보면
'직접 디자인하고 만들 수 있는 것이 참 많구나!' 하는 생각을 하게 되지요.
색색가지 다양한 패턴의 패브릭으로 할 수 있는 소품에서 의류 등의 여러 가지들,
나무로 할 수 있는 가구와 소품들…… 하나하나 나열하기도 힘들 정도이지요.
하루는…… 생활 디자인!
그러니까 가장 삶과 밀접한 디자인을 여러분들과 함께 하고 있답니다.

하루와 함께 배워요!

그녀들의 클래스
아이 옷 | 아이의 소품 | 그녀의 옷 | 그녀의 소품 |
나의 생활 패브릭

아이들의 클래스
내 티셔츠 그리기 | 내 바지 만들기 | 내 치마 만들기 |
내 인형 만들기 | 내 가방 만들기 | 내 모자 꾸미기 |

카페 : http://cafe.naver.com/heyriharoo
블로그 : http://blog.naver.com/gomgom1121
카카오아이디 : haroo2003
HaRoo의 카카오톡, 카카오스토리에 접속하면
소식 받기를 할 수 있습니다.

수강 문의 : 카카오톡 아이디 : haroo2003

가맹점 문의 : gomgom1121@naver.com